Wort-Gottes-Feiern

W0040514

KONKRETE LITURGIE

Bernhard Kirchgessner

Wort-Gottes-Feiern

Modelle und Anregungen
für Gemeinden mit und ohne Priester

Verlag Friedrich Pustet Regensburg

Die Deutsche Bibliothek - CIP-Einheitsaufnahme

Kirchgessner, Bernhard:
Wort-Gottes-Feiern : Modelle und Anregungen für Gemeinden
mit und ohne Priester / Bernhard Kirchgessner. -
Regensburg : Pustet, 1997
ISBN 3-7917-1569-0

ISBN 3-7917-1569-0
© 1997 by Verlag Friedrich Pustet, Regensburg
Umschlaggestaltung: Peter Loeffler, Regensburg
Foto: Willy Mevissen, Viersen
Druck und Bindung: Friedrich Pustet, Regensburg
Printed in Germany 1997

Für die Pfarrei
St. Georg in Winzer/Donau,
in der die Wortgottesdienste
dieses Modellbuches
erprobt und gefeiert wurden

INHALT

THEMATISCHE WORT-GOTTES-FEIERN

ANHANG

Vorwort

Als mein Doktorvater Karl Schlemmer sein dreibändiges Werk „Gemeinde ohne Priester" für alle drei Lesejahre vorlegte (Verlag Herder, Freiburg, Sonderausgabe 1994), konnte er kaum ahnen, dass dieses Standardwerk binnen weniger Jahre mehrere Auflagen erleben sollte. Schlemmer war voll in eine Buchlücke gestoßen und bot den vom Priestermangel betroffenen Gemeinden mit seinen Sonn- und Feiertagsmodellen wertvolle Hilfe an.

Der vorliegende Band versteht sich durchaus in dieser Tradition, ergänzt und bereichert durch verschiedene Anlässe des Kirchenjahres und durch thematische Gottesdienste, die vielfach mit Zeichen und Symbolen angereichert sind.

Entstehungsgrund war einerseits eine Lehrstuhlvertretung Karl Schlemmers im WS 1994/95, welche (durch meine Abwesenheit bedingt) den Freitag in Winzer zum Wortgottesdiensttag werden ließ, sowie die Anfrage von Wortgottesdienstleiter/innen im Rahmen von Aus- und Fortbildungsveranstaltungen.

So machten wir uns ans Werk. Martin Seidl, Student der Musiktherapie, Organist und Kantor, Maria Steinbeißer, Landwirtin, und meine Wenigkeit. Unser Werkbuch will der immer größer werdenden Schar von Wortgottesdienstleiter/innen Anregungen vermitteln und mit dem einleitenden Artikel wesentlichte Inhalte der Ausbildung in Erinnerung rufen. Die vorliegenden Modelle wollen nicht einfach kopiert werden, sondern die eigene Phantasie und Kreativität bei der Gottesdienstvorbereitung wecken. Sie wollen Hilfe zur Selbsthilfe in priesterarmer Zeit sein.

Winzer, am Palmsonntag 1997

Bernhard Kirchgessner

ABKÜRZUNGSVERZEICHNIS

A	Alle
GDB	Gottesdienstbesucher
GDH	Gottesdiensthelfer/innen
GL	Gotteslob
KA	Kantor/in
KH	Kommunionhelfer/in
KO	Kommentator/in
L	Lektor/in
MI	Ministranten/innen
S	Seite
V	Vorsänger/in
Vgl.	Vergleiche, siehe
WGL	Wortgottesdienstleiter/in

Benutzerhinweise

- Alle Quellenangaben entnehmen Sie bitte dem Verzeichnis auf S. 158.
- Die mit * gezeichneten Verse verstehen sich als zu wiederholende Kehrverse.
- Die Messbuch-Seitenangaben beziehen sich auf die Kleinausgabe des deutschen Messbuches.
- Sämtliche Lied- und Orgelvorschläge sind als variable Anregungen zu verstehen.
- Die Modelle wollen nicht einfach kopiert werden; vielmehr dienen sie als Anregung zur eigenen Erarbeitung und Gestaltung.

9

Alles oder Nichts?
Liturgie in priesterarmer Zeit

1. Problemanzeige

Statistiken sind weiß Gott nicht der Weisheit letzter Schluss; sie dienen jedoch als Indikatoren und verdienen daher Beachtung und Aufmerksamkeit. Die alljährliche vom Freiburger Informationszentrum „Berufe der Kirche" aktualisierte Statistik der neu aufgenommenen Priesterkandidaten und der Neupriester bundesdeutscher Diözesen und Orden lässt seit geraumer Zeit selbst hartgesottenen Optimisten Sorgenfalten auf der Stirn erscheinen. Bewegt sich die Neupriester-Statistik seit 1983[1] im Bereich üblicher Schwankungen, so weist die Zahl der neu aufgenommenen Priesterkandidaten im gleichen Zeitraum einen steten Abwärtstrend auf.[2] Tendenz fallend, eine Trendwende ist nicht in Sicht. Das Informationszentrum kommentiert diese nüchternen Zahlen mit der ernüchternden Bemerkung: „Die Langzeitwirkungen dieser Entwicklung sind einschneidend und werden noch zu wenig bedacht. Die meisten Versuche, die derzeitige Seelsorge umzustrukturieren, nehmen einen Zeitraum von etwa zehn Jahren in den Blick. Der heute ausbleibende Priesternachwuchs wird sich aber noch in 40 und mehr Jahren auswirken. Eine lebendige Kirche braucht engagierte Laien und eine ausreichende Zahl guter Priester."[3]

Man muß ergänzen: Das durch den Priestermangel hervorgerufene Bild eines gehetzten und gestreßten Seelsorgers, eines stark Büro-beanspruchten und daher sich Menschen entziehenden Pfarrers, eines - in Folge Mehrfach-Ortspfarrers - liturgischen Minutenjägers („Sorry, ich muß zur nächsten Messe nach N."), schlussendlich eines unausgeruhten, unausgeglichenen, gesundheitlich angeschlagenen Priesters, wirkt sich wiederum kontraproduktiv auf den Priesternachwuchs aus. Das so vermittelte Priesterbild schreckt junge, wohlgesonnene Menschen vom Weg der besonderen Nachfolge ab; Zölibatsverpflichtung und restaurative innerkirchliche Tendenzen tragen das Ihre zur Priesternot bei.

Wäre es nicht an der Zeit, die Amtsfrage intern, offen und ehrlich, unvoreingenommen und sachlich im episkopalen und wissenschaftlichen Fachbereich zu stellen und neu zu beantworten?

Nicht nur die Ehelosigkeit, sondern alle das kirchliche Amt tangierenden Fragen sollten und müssten in einem Klima gegenseitigen Vertrauens und guten Willens erörtert und einer Lösung zugeführt werden. Dass man hierbei - selbstverständlich in Einheit mit dem römischen Lehramt! - in Europa zu anderen Ergebnissen als in anderen Kontinenten kommen könnte, sollte nicht von vornherein abschrecken. Es geht bei diesem Dialog um mehr als das Zölibatsversprechen, schon gar nicht um dessen Abschaffung, es geht um die Zukunft der Gemeinden im ehemals christlichen Abendland. Vor dem Problem die Augen schließen und es aussitzen zu wollen, hieße unverantwortlich handeln. Sollen unsere Gemeinden überleben, besteht Handlungsbedarf.

Zur eben angesprochenen binnenkirchlichen Amtsreflexion müsste sich unbedingt das Gebet um das Kommen des Gottesgeistes gesellen. Der Geist, der lebendig macht, vermag der Kirche neue Wege zu weisen, auch solche, die sie jetzt (noch) nicht kennt. Im Vertrauen auf die Hilfe des Heiligen Geistes neue Wege zu suchen und zu beschreiten, heißt träumen und hoffen und Hoffnungen und Träume Wirklichkeit werden zu lassen, im Sinne eines Wortes des ermordeten amerikanischen Präsidenten John F. Kennedy: „Manche Leute sehen Dinge und sagen: Warum? Aber ich träume Dinge, die es nie gab und frage: Warum nicht?"[4]

Die hier aufgerissenen Fragen liegen in der Entscheidungs-kompetenz der Verantwortungsträger des kirchlichen Lehr-amtes; sie können weder von nationalen Bischofskonferen-zen noch von einzelnen Diözesen gelöst werden. Daher wollen wir uns im folgenden der konkreten Frage, ob und wie Gemeinden ohne eigenen ortsansässigen Pfarrer in der Zeit „zwischen den Jahren" Liturgie feiern können, widmen.

2. Die Wiederentdeckung eines verlorenen Schatzes

Wer von uns hätte nicht schon einmal einen Gegenstand verlegt und diesen mit Akribie, jedoch erfolglos an allen in Frage kommenden Orten gesucht! Irgendwann gibt man die Suche auf, bis das unwiederbringlich verloren Geglaubte eines Tages plötzlich und unversehens wieder auftaucht und beim Finder große Freude auslöst.

Ein ähnliches Schicksal ward katholischerseits dem Wort Gottes zuteil: Es geriet in Vergessenheit, wurde „verlegt" und in die Zuständigkeit der Reformierten bzw. der Sekten ver-wiesen. Zwar behauptete es seinen Platz in der Liturgie der Eucharistie, doch in einer dem gemeinen Volk unverständ-lichen Sprache.[5] Erst der Bibelbewegung - und der mit ihr einhergehenden Liturgischen Bewegung - gelang in unserm Jahrhundert die Wiederentdeckung eines kostbaren, ver-lorenen Schatzes, des Wortes Gottes.

Der 1943 veröffentlichten Enzyklika „Divino afflante spiritu" Papst Pius' XII.,[6] der dogmatischen Konstitution über die göttliche Offenbarung „Dei Verbum" des II. Vatikanischen Konzils von 1965[7] und dem Bemühen bedeutender Theo-logen wie Hermann Volk, Leo Scheffczyk, Heinrich Schlier, Otto Semmelroth und nicht zuletzt Karl Rahner verdanken wir jene Wertschätzung, welcher sich Gottes Wort in unseren Tagen glücklicherweise wieder erfreut.[8]

Ein Blick in die Bibel, speziell in die Evangelien des Neuen Testamentes, vermag zu erhellen, warum das „Wort des lebendigen Gottes" nicht hoch genug geschätzt, nicht häufig genug gelesen, gehört, meditiert und nicht oft genug liturgisch gefeiert werden kann.

2.1 Heilendes Wort

Wo immer Jesus in den drei Jahren seines öffentlichen Wirkens Kranken begegnete, wird an ihn die Bitte um Heilung und Befreiung herangetragen.

Ob es sich um den Hauptmann von Kafarnaum handelt, dessen Diener gelähmt und mit Schmerzen zu Hause liegt,[9] um die zwei Blinden,[10] um eine kanaanäische Frau, deren Tochter von einem Dämon gequält wird,[11] um einen Vater, dessen Sohn mondsüchtig ist,[12] oder um zwei andere Blinde bei Jericho[13]: immer sieht sich Jesus der flehentlichen Bitte um Heilung von Krankheit und Leid konfrontiert. So manifestiert sich das gläubige Vertrauen vieler seiner Zeitgenossen, Jesu Wort könne Heilung, und in der Folge Heil, erwirken, denn vielfach geht es nicht nur um die Befreiung physischen Leides, sondern auch um die Beseitigung eines psychischen Leidensdrucks, welcher sich mit der Resozialisierung und Reintegrierung in die Familien- und Dorfgemeinschaft einstellt.

Matthäus faßt die heilende Dimension des Wortes Jesu in die knappe Bemerkung: „Er trieb mit seinem Wort die Geister aus und heilte alle Kranken."[14] Jesu Wort, in welchem sich Gottes Wort offenbart und entfaltet, rührt an und berührt, trifft und macht betroffen, heilt und richtet auf.

2.2 Tröstendes Wort

Jesus aus Nazaret zeichnet sich durch eine Sensibilität aus, wie diese normalerweise nur Genies eigen ist. Seine konkrete Lebensweisheit ragt weit über die Altersweisheit der Menschen hinaus.[15] Wie keiner vor und nach ihm kann er sich in Menschen hineinversetzen, mit ihnen fühlen und durch Wort, Gestik und Mimik seine Anteilnahme bekunden. So gibt er der Samariterin am Jakobsbrunnen mit der Aufforderung: „Geh, ruf deinen Mann und komm wieder her!"[16] zu verstehen, dass er nicht nur um ihre Männeraffairen, sondern um ihre verpfuschte Biographie weiß. Während er die Anklage gegen die beim Ehebruch ertappte Frau anhört, schreibt er mit dem Finger auf die Erde, um anschließend jene zur Steinigung aufzufordern, welche frei von Sünden sind.[17] Als er die Tränen Marias (und der anderen Juden) sieht, die diese angesichts des schmerzvollen Verlustes ihres Bruders Lazarus vergießt, übermannt ihn selbst das Mitgefühl, er ist erregt und erschüttert.[18] Sowohl bei der Begegnung mit dem Zöllner Levi[19] als auch bei dem Zusammentreffen mit dem Zollpächter Zachäus[20] findet er nicht urteilende oder gar verurteilende, sondern ermutigende, aufbauende und tröstende Worte. Wo immer er Menschen in heikler Lebenslage antrifft, bedient er sich solcher Worte, welche der äußerst sensiblen Seelenlage dieser korrespondieren. „Seine Worte und Taten greifen konkret dort, wo die Dinge bluten und es einer Entscheidung vor Gott bedarf."[21] Und Leonardo Boff vertieft: „Die Dinge, die er sagt, sprechen aus sich selbst."[22] Oder anders formuliert: Die Worte, die er sagt, sprechen aus sich selbst.

2.3 Wirkmächtiges Wort

Das in Jesu Worten anzutreffende Wort Gottes wird von „des Zimmermanns Sohn" nicht gedankenlos in den Raum gesagt. Vielmehr scheint es wohl überlegt, wohl dosiert und effektiv.

So staunen die Umstehenden nicht schlecht, als sich seine Aufforderung an den Gelähmten: „Ich sage dir: Steh auf, nimm deine Bahre und geh nach Hause!" als augenblicklich wirkmächtig erweist, und der so Angesprochene „vor aller Augen" weggeht.[23] Die Pharisäer bringt er völlig gegen sich auf, als er am Sabbat die steife Hand eines Mannes heilt und alle Synagogenbesucher miterleben können, wie seinem Befehl „Strecke deine Hand aus!" die unverzügliche Wirkung folgt.[24] Den überaus besorgten und ängstlichen Jüngern treibt sein dem Seesturm zugesprochenes, gebietendes und machtvolles „Schweig, sei still!" noch größere Frucht ein. „Was ist das für ein Mensch, daß ihm sogar der Wind und der See gehorchen?"[25] In der Dekapolis erweist sich an einem Taubstummen, dass nichts und niemand sich seinem „Effata! Öffne dich!" widersetzen kann.[26] Wirkmächtig wie ein zweischneidiges Schwert[27] und wirkungsvoll wie der vom Himmel fallende Regen und Schnee[28] bewirkt sein Wort, was es an- und aussagt. So dokumentiert sich im Wort Jesu exemplarisch, was für Gottes Wort insgesamt gilt: eine Kraft und Macht, wie sie nicht menschlichem, wohl aber göttlichem Wort eigen ist und innewohnt.

2.4 Lebenspendendes Wort

Gerade angesichts der natürlichsten Grenze menschlichen Lebens, des Todes, wird deutlich, dass Jesu Wort die Worte der Menschen an Qualität und Effektivität weit übersteigt. Wo menschliche Worte verstummen und Trauer und Tränen Platz machen müssen, da greift Gottes Wort, da brechen Jesu Worte dem Leben neue Bahn.

Wir können uns die öffentliche Erregung nicht groß genug vorstellen, als er in Naïn einen eben vorbeiziehenden Leichenzug anhält und vom Mitleid mit der Mutter, einer Witwe, welche um ihren einzigen Sohn trauert, bewegt, ausruft: „Ich befehle dir, junger Mann: Steh auf! Da richtete sich der Tote auf und begann zu sprechen, und Jesus gab ihn seiner Mutter zurück."[29] Ähnliches wiederholt sich im Hause des Jaïrus. Soeben noch Jesus verlachend versteinern sich die Mienen der Angehörigen, als er dem toten Mädchen zuruft: „Mädchen, steh auf! Da kehrte das Leben in sie zurück, und sie stand sofort auf."[30] Selbst seine beiden Freundinnen, Marta und Maria, finden, er gehe wohl etwas zu weit, als er vier Tage nach Todeseintritt verlangt, den Stein vom Grab des Toten Lazarus zu wälzen. Doch Jesus besteht auf seiner Forderung und befiehlt dem Toten vor Zeugen: „Lazarus, komm heraus! Da kam der Verstorbene heraus; seine Füße und Hände waren mit Binden umwickelt, und sein Gesicht war mit einem Schweißtuch verhüllt."[31]

Was hier vom Wort Jesu gesagt wird, gilt um so mehr vom Wort Gottes. Es ist ein lebendiges und lebenspendendes Wort.

2.5 Konsequenzen

Dieser zugegebenermaßen zaghafte und ansatzweise Versuch eines Blickes auf Jesu Worte und Taten sollte den geneigten Hörer und Leser zu eigenem Bibelstudium inspirieren. Was hier nur mit feinen Pinselstrichen gezeichnet werden kann, ergibt bei vertieftem Studium ein umfassendes, buntes und facettenreiches Bild von der tröstenden und heilenden, ermutigenden und ermunternden, belebenden und leben-schaffenden Wirkkraft und -macht des Wortes Gottes.

Haben sich die eben angeführten Beispiele bewusst auf die Worte Jesu in den vier Evangelien beschränkt, so fördert der Gesamtblick in die Bücher des AT, in die Briefe, die Apostel-geschichte und die Offenbarung des Johannes jene gött-lichen Dimensionen des Wortes Gottes zu Tage, welche zu Recht den/die Lektor/in vom „Wort des lebendigen Gottes" sprechen lassen.

Wir bedürfen also nicht erst kirchenamtlicher Verlautbarungen (wie der eingangs zitierten), um erkennen zu können, welcher Schatz uns im Wort Gottes aufgetan und anvertraut ist.

Was also liegt daher näher, als im Falle der durch Priestermangel bedingten verringerten liturgischen Festtafel den Gläubigen wenigstens den Tisch des Wortes zu bereiten, auf dass sie hier jene Orientierung und Nahrung finden, ohne die der Glaube auf Dauer nicht leben kann? Ohne Brot kein Leben! Ohne eucharistisches Brot kein sakramentales Leben! Ohne das Brot des Wortes kein Glaubensleben! Damit dürfte auch klar geworden sein, dass von der Volksfrömmigkeit geprägte liturgische Übungen wie Andachten, Wallfahrten oder Rosenkranz nicht als Ersatz für das Herrenmahl genügen können, da sie weit von der Qualität einer Wort-Gottes-Feier entfernt sind.

Halten wir fest: Die Alternative angesichts eines sich epidemienhaft in Westeuropa ausbreitenden Priestermangels heißt bezüglich der Feier der Liturgie niemals „Alles oder nichts!" sondern: „Tun, was möglich ist!" Was möglich und nötig ist, soll uns im folgenden beschäftigen.

3. „Was also können wir tun?"[32]

Diese in einem Hirtenwort von 1988 an die Gemeinden, Priester und sich selbst gerichtete Frage des Passauer Bischofs Franz Xaver Eder wird Jahr um Jahr drängender. „Was also können wir tun?" Es wäre fatal, sich in Zweifel, Ratlosigkeit und Ohnmachtsgefühlen zu ergehen, und es zeugte von einer gewissen Lieblosigkeit der Kirche gegenüber, all diese Fragen verdrängen zu wollen, so der Passauer Oberhirte.[33]

3.1 Sacrosanctum Concilium

Eine erste Antwort erteilte die Liturgiekonstitution des II. Vatikanums, welche sich zwar nicht explizit mit der Thematik beschäftigt, jedoch auf Wunsch zweier Missionsbischöfe in weiter und kluger Voraussicht den Artikel 35 der Konstitution um den Passus erweitert hat: „Zu fördern sind eigene Wortgottesdienste an den Vorabenden der höheren Feste, an Wochentagen im Advent oder in der Quadragesima, sowie an Sonn- und Feiertagen, besonders da, wo kein Priester oder Diakon zur Verfügung steht; in diesem Fall soll ein Diakon oder ein anderer Beauftragter des Bischofs die Feier leiten."[34]

3.2 „Beschluß: Gottesdienst" der Würzburger Synode

Von diesem knappen, wegweisenden konziliaren Impuls ausgehend widmet die Würzburger Synode der Problematik einen eigenen Abschnitt im „Beschluß: Gottesdienst".[35] Nachdem eingangs vor einer Überlastung der Priester als Zelebrationsroboter gewarnt wird, empfiehlt die Synode zunächst eine überörtliche, das Dekanat erfassende Koordination von Gottesdienstanzahl und -zeiten, was den Gemeinden und ihren Ortspfarrern ein hohes Maß an Solidarität abverlangt. Der zweite Argumentationsschritt plädiert für eine priesterlose, liturgische Versammlung am Ort und begründet dies mit der Notwendigkeit einer religiösen Kommunikationsmitte der Gemeinde und einer inneren, dem Wesen und Auftrag der Gemeinde entspringenden Verpflichtung zur Versammlung. Gemeinde der Glaubenden ist wesentlich sich versammelnde, Liturgie feiernde Gemeinde. Wo dies nicht mehr oder nur mehr fallweise zutrifft, hört eine Gemeinde auf, Ortskirche zu sein, verwirkt sie ihr Existenzrecht. Schließlich ruft die Synode dazu auf, die verbleibende Zeit zur Vorbereitung der Gemeinden zu

18

nutzen, Wortgottesdienste mit den Strukurelementen *Lesung-Gesang-Gebet* zu feiern, möglichst viele Gottesdiensthelfer aktiv in die Wort-Gottes-Feier einzubeziehen und „bei all den notwendigen Bemühungen um einen sonntäglichen Gottesdienst ohne Priester" nicht zu vergessen, „daß es sich um eine Notsituation handelt, die alle zur Sorge um genügend Priester aufruft".[36]

3.3 Direktorium „Sonntäglicher Gemeindegottesdienst ohne Priester"

Schließlich erscheint am 02. Juni 1988 nach langen Geburtswehen ein Direktorium der Gottesdienstkongregation, „Sonntäglicher Gemeindegottesdienst ohne Priester".[37] Es beleuchtet die Thematik umfassend und räumt den nationalen Bischofskonferenzen das Recht der Adapiertung ein.[38] Ausgehend von Art. 106 der Liturgiekonstitution setzt sich das Direktorium mit der Feier und Heiligung des Sonntags auseinander, welche in der sonntäglichen liturgischen Versammlung, besonders in der Feier der Eucharistie, ihren Höhepunkt findet.[39] Wo sonntags keine Eucharistie gefeiert werden kann, mögen „die Gläubigen eine in der Nachbarschaft gelegene Kirche aufsuchen ..., um dort an der Feier der Eucharistie teilzunehmen".[40]

Diesbezüglich, wie bei der umstrittenen Frage nach der Kommunionspendung, erweist sich die Argumentation des römischen Direktoriums nicht stringent und konsequent genug. Wer von der Wichtigkeit der liturgischen Versammlung und der Bedeutung des Wortes Gottes überzeugt ist, kommt zu anderen Ergebnissen, nämlich zur Überzeugung von der Feier des Wortes Gottes in der eigenen Pfarr- oder Filialkirche.

Bei diesen Gottesdiensten mögen die biblischen Sonntagstexte verkündet werden.[41] All jene Texte und Gesten mögen tunlichst vermieden werden, welche den Anschein einer Messfeier erwecken,[42] den Gläubigen soll der „Ersatzcharakter" dieser Feiern bewußt sein.[43] Der Einführung sonntäglicher Wortgottesdienste möge ein (auf-)klärendes Wort des Bischofs und eine Vorbereitung seitens des Ortspfarrers vorangehen.[44] Als Gottesdienstleiter werden Diakone oder Laien - „Männer und Frauen" - benannt.[45] Letztere sollen nach erfolgter Vorbereitung und Ausbildung zeitlich befristet als Wortgottesdienstleiter/innen eingesetzt werden.[46] Neben der Wortgottesdienstfeier mit den Elementen *Lesung-Gesang-Gebet* wird den betroffenen Gemeinden nahegelegt, „einen Teil der Stundenliturgie, z. B. die Laudes oder die Vesper - zu feiern, in die auch die Sonntagslesungen eingefügt werden können".[47] Abgesehen von der widersprüchlichen Argumentation bezüglich des Versammlungsortes (und damit der in Frage kommenden liturgischen Feier), der Homilie[48] und der Kommunionspendung gibt das römische Direktorium wichtige Impulse für die Feier des Wortes Gottes in priesterlosen Gemeinden.

Angesichts der Mobilität und Flexibilität heutiger Menschen wäre eine einheitliche Regelung der Ausbildung von Gottesdienstleitern und der Struktur dieser Feiern überfällig. Da die Problematik jedoch ungleichzeitig auftritt und auf unterschiedliche theologische Bewertung stößt, konnten die Bischöfe des deutschen Sprachraumes bisher zu keiner einheitlichen Vorgangsweise finden.

4. Struktur der Feier des Wortes Gottes

Ob es sich um sonntägliche oder werktägliche Wortgottesdienste handelt (letztere sollten mehr und mehr Heimatrecht auf den werktäglichen Gottesdienstordnungen unserer Gemeinden finden), immer folgen diese der vom Innsbrucker Liturgiewissenschaftler Josef Andreas Jungmann entdeckten

Grundstruktur: *Lesung-(Psalmen)Gesang-Gebet,*[49] also einem einfachen, beliebig variablen Grundschema.

Es empfiehlt sich, die biblischen Texte des betreffenden Sonn- oder Werktags heranzuziehen und mit ihnen den Tisch des Wortes Gottes zu bereiten.

Um einer möglichen Verkopfung und einer drohenden inflationären Verwendung von Worten vorzubeugen, sollten Wort-Gottes-Feiern mit Zeichen und Symbolen angereichert werden. Gerade allgemein verständliche, leicht zugängliche Symbole (religiöser wie profaner Art) können im Mitfeiernden Seelenschichten erschließen, welche dem bloßen Wort vielfach verschlossen bleiben. Diesen Versuch wagen die folgenden Gottesdienstmodelle. Die positive Aufnahme durch die Gläubigen und zahlreiche Rückmeldungen haben uns ermutigt, in dieser Richtung voranzugehen. Ebenso ist die Feier von Wortgottesdiensten auch unter priesterlicher Leitung angeraten. Wo Priester sich ausschließlich auf die Feier der Eucharistie konzentrieren und die Wort-Gottes-Feiern alleine den Laien überlassen, könnte leicht der Eindruck einer Höher- bwz. Minderwertigkeit entstehen.

Ausgehend von der Erkenntnis des Stellenwertes und der Bedeutung des Wortes Gottes sollte im Regelfall - von Hochfesten und besonderen Anlässen und Kasualien abgesehen - die Kommunionspendung im Wortgottesdienst unterbleiben. Dieses Plädoyer,[50] das nach wie vor hohe Diskussionswellen aufwirft, stützt sich auf die theologische Erkenntnis:

* Das „Wort des lebendigen Gottes" sollte Christen so wichtig und wertvoll sein (siehe Kap. 2), dass es keiner sakramentalen „Aufwertung" bedarf.
* Herrenmahl und Herrenleib gehören gemäß ganzheitlicher, dem II. Vatikanum zu verdankender Sicht, seit alters her untrennbar zusammen. Einzige Ausnahme: Die Kranken-

kommunion und die Wegzehrung (das Viaticum), nicht jedoch der Kommunionempfang ganzer Gemeinden.

* Herrenmahl und Herrenleib voneinander zu trennen bedeute, einen Verlust des Eucharistiebewusstseins zugunsten eines fragwürdigen, punktuellen Kommunionverständnisses zu riskieren.

* Herrenmahl und Herrenleib aufgrund einer Notsituation voneinander zu trennen, hieße auseinanderzureißen, was im innersten Wesen zusammengehört, und hinter die theologische Einsicht des II. Vatikanums zurückzufallen.

* Wortgottesdienste mit Kommunionspendung können allen gegenteiligen Beteuerungen zum Trotz den Verdacht einer verkürzten Form der Messfeier wecken und auf Dauer das Fehlen der Eucharistie und des ordinierten Priesters als akzeptabel und verschmerzbar erscheinen lassen.

* Wortgottesdienste mit Kommunionspendung erinnern verdächtig an evangelische Predigtgottesdienste mit angefügtem Abendmahl und fallen den ökumenischen Bemühungen um die Wiedergewinnung des Sakramentsgottesdienstes (in den reformierten Kirchen) in den Rücken. Somit würde ein 400jähriger, überwunden geglaubter, an die Kirchen der Reformation gerichteter Vorwurf zum Bumerang, indem man die Not zur Tugend erhebt.

* Wenn schon an den Hochfesten und bei besonderen Anlässen im Wortgottesdienst der Herrenleib ausgeteilt und somit die Ausnahme von der Regel statuiert wird, sollte wenigstens zeichenhaft der Konnex von Herrenmahl und Herrenleib erkennbar werden, indem - wie in Ostdeutschland praktiziert - die heiligen Gestalten nicht aus dem Tabernakel entnommen, sondern aus einer zuvor gefeierten hl. Messe, z. B. aus einer Nachbarpfarrei, vom Gottesdienstleiter oder vom Kommunionhelfer überbracht und gespendet werden.

5. Resümée

Den vereinten Bemühungen der biblischen, liturgischen, ökumenischen und - wie ich meine - geistgewirkten Bewegungen gelang in unserem Jahrhundert die Hebung eines ver-sunkenen, in Vergessenheit geratenen Schatzes, des Wortes Gottes. Die von katholischen und evangelischen Theologen präsentierte Einheitsübersetzung der Heiligen Schrift, welche seither bei allen katholischen liturgischen Feiern Verwendung findet, leistete hierzu einen nicht unerheblichen Beitrag. Sie erfreut sich im schulischen Religionsunterricht, bei pfarrlichen Bibelkreisen und biblisch Interessierten zu Recht großer Beliebtheit.

Mit dieser wiedergewonnenen Sichtweise des Wortes Gottes geht eine Krise des priesterlichen Dienstamtes einher, welche die katholische Kirche vor neue und schwierige Fragen, etwa nach dem Zugang zum kirchlichen Amt, der Auffächerung des kirchlichen Amtes und der liturgischen Feierform in vom Priestermangel betroffenen Gemeinden stellt.

Kann dieses eigenartige Zusammentreffen zweier zunächst grundverschiedener Phänomene nicht als „Wink des Geistes Gottes" verstanden werden, der uns auffordert, die Zeit der Amtskrise mit Hilfe von Wortgottesdiensten zu überwinden und dem Wort Gottes grundsätzlich eine fundamentalere Rolle im Leben der Kirche und ihrer Glieder einzuräumen?

Wir stehen an einem Wendepunkt, an einer Wegkreuzung und fragen - zuweilen ängstlich und besorgt -, welche Richtung wir einschlagen sollen. Da sich Angst stets als schlechter Ratgeber erweist und hinderlich auf neue Bemühungen auswirkt, sollten wir mit Gottes Hilfe und seines Geistes Beistand vertrauensvoll in die Zukunft blicken. Ich bin überzeugt, wenn wir wieder mehr nach dem Willen Gottes fragen und die Stimme seines Geistes zu hören trachten, wird er uns Wege weisen, die uns heute noch unbekannt sind. Trösten darf uns der Gedanke, dass unsere Kirche die Kirche Jesu Christi ist. Wir können und müssen nicht alles selbst „machen", wir dürfen uns getrost auf den Herrn der Kirche verlassen, auf Christus. Wenn er möchte, dass seine Kirche weiterexistiert (und daran kann es keinen vernünftigen Zweifel geben), wird er sich unser als Werkzeug bedienen. Freilich dürfen wir nicht die Hände in den Schoß legen und warten, bis eine Wende eintritt. Unsere Aufgabe besteht darin, im Gebet der Stimme seines Geistes zu lauschen, immer wieder zu fragen, was Gott von uns heute will, und in der Erkenntnis des Willens Gottes zukunftsorientiert zu handeln.

„Gottes Kraft geht alle Wege mit." Dieses Wort des 1945 hingerichteten Jesuiten Alfred Delp wählte ich als Leitwort meiner Diakonenweihe. Von diesem Ausspruch bin ich auch heute überzeugt, ja überzeugter denn je. Gottes Kraft geht die Wege der Kirche mit, auch wenn wir im Augenblick (noch) nicht wissen, wohin uns dieser Weg führen wird.

ANMERKUNGEN

1   Ich gehe bewusst von meinem Weihejahrgang 1983 aus.
2   Neupriester 1983: 287; 1995: 237; 1996: 214; PAK 1983: 829; 1995: 279; 1996: 232; Berufung. Zur Pastoral der geistlichen Berufe. Heft 34 (1996) 48f.; hg. vom Informationszentrum Berufe der Kirche, Schoferstraße 1, 79098 Freiburg.
3   Ebd. 48.
4   Ebd. 33.
5   Vgl. Bernhard Kirchgessner. Kein Herrenmahl am Herrentag? Eine pastoralliturgische Studie zur Problematik der sonntäglichen Wort-Gottes-Feier. Regensburg 1996, 104ff.
6   „Divino afflante spiritu", in: Über die zeitgemäße Förderung der biblischen Studien. Rundschreiben Pius XII. vom 30.09.1943. Stuttgart 1962. Lateinischer Text: AAS 34 (1943) 297-325.
7   Dei Verbum (DV), in: Karl Rahner/Herbert Vorgrimler, Kleines Konzilskompendium. Freiburg [19]1986, 361-382.
8   Vgl. Bernhard Kirchgessner. Kein Herrenmahl am Herrentag, 106-114, bes. Anm. 66
9   Vgl. Mt 8,6.
10 Vgl. Mt 9,27.
11 Vgl. Mt 15,22.
12 Vgl. Mt 17,15.

24

13 Vgl. Mt 20,30.

14 Vgl. Mt 8,16.

15 Vgl. Leonardo Boff, Jesus- jemand mit außerordentlichem Gespür und gesundem Menschenverstand, in: Ludger Hohn-Kemler, Jesus von Nazaret. Für wen sollen wir ihn halten? Freiburg 1997. Herder-Sonderband, 83.

16 Vgl. Joh 4,16.

17 Vgl. Joh. 8,6ff.

18 Vgl. Joh 11,33.

19 Vgl. Lk 5,31f.

20 Vgl. Lk 19,5.

21 Leonardo Boff, Jesus- jemand mit außerordentlichem Gespür und gesundem Menschenverstand, 83.

22 Ebd. 85.

23 Mk 2,11f.

24 Mk 3,5f.

25 Mk 4,39ff.

26 Mk 7,34.

27 Hebr 4,12f.

28 Jes 55,10.

29 Lk 7,14f.

30 Lk 8,54f.

31 Joh 11,43f.

32 Franz Xaver Eder, Brief des Bischofs von Passau zur Österlichen Bußzeit 1988, in: Beilage zum Amtsblatt für das Bistum Passau 118 (1988).

33 Vgl. ebd.

34 Sacrosanctum Concilium (SC) Nr. 35,4, in: Karl Rahner/Herbert Vorgrimler, Kleines Konzilskompendium, 37-90, hier: 63f.

35 „Beschluß: Gottesdienst", in: Gemeinsame Synode der Bistümer in der Bundesrepubik Deutschland. Offizielle Gesamtausgabe I. Freiburg 1976, 202-205.

36 Ebd. 205.

37 Verlautbarungen des Apostolischen Stuhls 94. Kongregation für den Gottesdienst. Direktorium „Sonntäglicher Gemeindegottesdienst ohne Priester". Mit einer Einführung der Deutschen Bischofskonferenz, 02.06.1988, hrsg. vom Sekretariat der Deutschen Bischofskonferenz, Kaiserstraße 162, 53113 Bonn (=Direktorium); Vgl. Bernhard Kirchgessner, Kein Herrenmahl am Herrentag? 151-171; 226-305.

38 Vgl. Direktorium Nr. 7, Einführung der Dt. Bischofskonferenz Nr. 3.

39 Vgl. Direktorium Nr. 8-17.

40 Direktorium Nr. 18.

41 Vgl. Direktorium Nr.19, 36.

42 Vgl. Direktorium Nr. 22.

43 Direktorium Nr. 21.

44 Vgl. Direktorium Nr. 26f.

45 Direktorium Nr. 29f.

46 Direktorium Nr. 30; vgl. Nr. 31.

47 Direktorium Nr. 33.

48 Vgl. Direktorium Nr. 43.

49 Josef Andreas Jungmann, Wortgottesdienst im Lichte von Theologie und Geschichte. Regensburg [4]1965, 122f. - Dies gilt auch für die Feier des Stundengebetes, der Laudes und Vesper.

50 Vgl. Bernhard Kirchgessner, Kein Herrenmahl am Herrentag?, 190-200.

Lucernarium (Lichtfeier)
im Advent

1. Dialogische Meditation

Die Kirche ist völlig dunkel, nur die Osterkerze brennt, und am Ambo ist Licht. Zwei L beginnen mit einer Meditation.

1 Dunkelheit-
   Finsternis.
2 Nacht.
   Es fehlt das Licht.
1 Finsternis ist die Erfahrung unseres Lebens.
   Wir leben in der Finsternis.
2 Uns fehlt das Licht. Wir brauchen das Licht.
   Finsternis bedeutet Angst.
1 Angst vor der Zukunft.
   Angst vor Krieg.
2 Angst vor dem Tod.
   Angst vor dem Abgeschobenwerden.
1 Angst vor dem Versagen.
   Angst vor dem Alter.
2 Angst vor dem Zurückgestoßenwerden.
   Uns fehlt das Licht, das die Angst vertreibt.
1 Wir brauchen Licht! Wo ist das Licht?
   Finsternis bedeutet Ziellosigkeit.
2 Wo ist ein Ziel, mit dem es sich zu leben lohnt?
   Was ist der Sinn des Lebens?
1 Wir haben die Orientierung verloren.
   Wer gibt uns das Licht? Wir brauchen das Licht.
2 Finsternis kommt mit der Schuld und bedroht unser Leben.
   Sie bringt uns unruhige Stunden und schlaflose Nächte.
1 Finsternis bedeutet Einsamkeit.
   Keiner findet den anderen.
2 Wenn er zufällig jemand findet, sieht er ihn nicht, weil es dunkel ist.

1 Finsternis bedeutet, wenn du mit anderen im Streit lebst.
   Finsternis bedeutet, wenn dich keiner annimmt so wie du
   bist.
2 Finsternis bedeutet, wenn du dich vor dir selbst schämen
   mußt.
   Finsternis bedeutet, wenn einfach alles schief läuft.
1 Wir brauchen das Licht, hat jemand dieses Licht?
   Das Licht, das die Schuld wegleuchtet und uns aus der
   Einsamkeit befreit!
   Gibt es dieses Licht?

2. Lichthymnus

Jetzt wird das Licht von der Osterkerze her ausgeteilt. Dazu wird der Lichthymnus gesungen:

Nach jeder Strophe, wird der Lichthymnus wiederholt.
1. Christus,
du Gott von Gott, du Licht vom Licht,
wir preisen dich, weil du die Finsternis
aus unseren Herzen vertreibst. *

2. Christus,
du Gott von Gott, du Licht vom Licht,
wir preisen dich, weil du alle Angst und
Beklommenheit, alles Schwere, Dunkle und
Unheilvolle von uns nimmst. *

3. Christus,
du Gott von Gott, du Licht vom Licht,
wir preisen dich, weil du dein Licht der Wärme
und Geborgenheit, der Zuneigung und Zärtlichkeit
in uns entzündest. *

4. Christus,
du Gott von Gott, du Licht vom Licht,
wir preisen dich, weil du uns mit dem Glanz
deiner Herrlichkeit umhüllst. *

5. Christus,
du Gott von Gott, du Licht vom Licht,
wir preisen dich, weil du dein Licht des
Lebens und der Liebe in uns entfachst. *

Schlußdialog:
2   Gott ist dieses Licht, in ihm ist keine Finsternis.
1   Woher weißt du das?
2   Es steht geschrieben:
    „Und das Licht leuchtet in der Finsternis, und die Finster-
    nis hat es nicht ergriffen."

3. Lesung
1 Joh 1,1-7: Gemeinschaft mit Gott

4. Antwortgesang
GL 719: Der Herr ist mein Licht und mein Heil

5. Evangelium
Joh 1,1-18: Prolog *(wenn möglich singen)*

6. Antwortgesang
GL 108: Komm, du Heiland
GL-Anhang: O komm, o komm Emmanuel

7. Gebet

GL 112: *wechselweise beten (V/A: rechte Seite/linke Seite)*

8. Bitten

Zu Jesus Christus, dem Licht der Welt, lasst uns vertrauensvoll beten:

– Wir bitten für alle, die im Dunkel der Angst und eines Unglücks leben:
   * Jesus, sei ihr Licht!
– Wir bitten für alle, die blind sind für das Schöne und Gute: Öffne ihre Augen. *
– Wir bitten für alle, die wir ausstoßen oder links liegen lassen: hilf uns, sie wieder in unsere Mitte zu holen. *
– Wir bitten dich, geh mit uns durch alles Dunkle und Böse, durch alle Angst, Not und Tod, bis wir ganz in deinem hellen Licht stehen: *

9. Vater unser

Am Ende der Fürbitten ziehen alle zum Altar und stellen dort ihre Kerzen ab. Mit der Kerze verbindet jeder ein persönliches Anliegen. Wenn alle ihre Kerzen abgestellt haben und um den Altar versammelt sind spricht der WGL:

Unsere gemeinsamen und persönlichen Gebetsanliegen fassen wir im Gebet des Herrn zusammen: VATER UNSER

10. Segen

Gott, der das Licht geschaffen hat und der die Finsternis vom Licht scheidet, schenke euch/uns sein Licht, damit ihr/wir von seinem Glanz erhellt leben und handeln könnt/können.
Das gewähre euch/uns der allmächtige Gott, der Vater + und der Sohn + und der Heilige + Geist. Amen.

11. Danklied

GL 115: Wir sagen euch an

„Liebe Gott und Deinen Nächsten wie Dich selbst"
Bußgottesdienst

1. Eröffnungsgesang
GL 160 1.2.4: Bekehre uns
GL 110: Wachet auf

2. Liturgische Eröffnung
Die Gnade unseres Herrn Jesus Christus, die Vergebung Gottes, des Vaters, und der Trost des Heiligen Geistes sei mit euch!

„Liebe Gott und Deinen Nächsten wie Dich selbst", so lautet die Hauptforderung Jesu an die Seinen. Gottes-, Nächsten- und Selbstliebe sollten das Markenzeichen eines jeden Christen sein. Trotz unseres Bemühens entdecken wir immer wieder, dass wir weit hinter diesem einen Gebot und seinen drei Entfaltungen zurückbleiben. Darum wenden wir uns in dieser Stunde an den einen und dreieinen Herrn und rufen um Gnade, Erbarmen und Vergebung.

3. Kyrie-Rufe
– Herr Jesus Christus, durch Dich steht uns Gottes Erbarmen offen.
  GL 401: Kyrie eleison
– Herr Jesus Christus, Du hast keinen, der zu Dir kam, zurückgewiesen. Kyrie eleison.
– Herr Jesus Christus, Du hattest auch mit jenen Mitleid, die die Gesellschaft längst abgestempelt und abgeschrieben hatte. Kyrie eleison.
– Herr Jesus Christus, Du hast Vergebung nicht nur gepredigt, sondern Tag für Tag gelebt. Kyrie eleison.
– Herr Jesus Christus, auch wir treten mit unserer Schuld und unserem Versagen vertrauensvoll vor Dich hin. Kyrie eleison.

4. Gebet

Gott unser Vater, in Jesus Christus hast Du uns unüber-bietbar gezeigt, dass es möglich ist, Dich, den Nächsten und sich selbst zu lieben. Sein Beispiel sei auch uns Ansporn und Hilfe, es mehre unser Bemühen, auch wenn wir immer wieder versagen, und helfe uns auf dem Weg zu Dir, zum Nächsten und zu uns selbst voranzukommen. Darum bitten wir, durch Christus unseren Herrn. Amen.

5. Lesung

Dtn 6, 1-9: Gottes Gesetze

6. Antwortgesang

GL 122: Hebt euch, ihr Tore
GL 191: Beim Herrn ist Barmherzigkeit

7. Evangelium

Mt 22, 34-40: Das Hauptgebot

8. Gewissenserforschung

Liebe ich mich selbst?
Keiner von uns vermag Gott und seinen Nächsten zu lieben, wenn er nicht sich selbst akzeptiert, mit seinen beiden ihm anhaftenden Seiten zu leben lernt und JA zu sich selbst sagt. Deshalb wollen wir zunächst uns selbst kritisch hinterfragen:

Wie jede Münze prägen auch mich zwei Seiten, eine gute und eine schlechte Seite. Akzeptiere ich, daß ich neben Talenten auch Schwächen habe?

Stille

Keiner von uns weist nur schlechte Eigenschaften auf; einem jeden hat Gott Talente und Begabungen geschenkt. Kenne ich meine Vorzüge, und wie setze ich sie ein?

Stille

Wir leben in einer lauten und lärmigen Zeit. Gönne ich mir Phasen der Stille und Ruhe, um Kraft für den Alltag schöpfen zu können?

Stille

Im Altarraum ist vor/auf dem Altar ein Kreuz (Vortrage- oder Altarkreuz) aufgestellt. Alle treten in Prozession vor das Kreuz, jeder bekreuzigt sich und spricht laut:
„Es erbarme sich meiner der allmächtige Gott, der Vater + und der Sohn + und der Heilige + Geist."
Alle antworten:
„Amen."

Liebe ich meinen Nächsten?
Wir denken an die Menschen, die uns täglich umgeben und mit uns leben. Bemühe ich mich um ein friedliches und faires Zusammenleben?

Stille

Wir denken an jene, die wir unsere Freunde nennen. Investiere ich genügend Zeit zur Pflege der Freundschaft?

Stille

Wir denken an jene, die uns unsympathisch sind und die Gott genauso liebt wie uns. Bemühe ich mich um einen positiven Zugang zu den Unsympathischen, oder habe ich sie ein für allemal abgeschrieben?

Stille

Jeder wendet sich dem Nachbarn zu, bekreuzigt ihn auf der Stirn und spricht:
„Es erbarme sich deiner der allmächtige Gott, der Vater + und der Sohn + und der Heilige + Geist."
Der Bekreuzigte antwortet:
„Amen."

Liebe ich Gott?
Mitte unseres Glaubens ist der eine und dreieine Gott, zu dem wir uns im Credo bekennen. Nimmt er tatsächlich die Mitte meines Lebens ein?

Stille

Keiner bringt uns Gott so nahe wie Jesus Christus. Bemühe ich mich im persönlichen und liturgischen Gebet um Nähe zu Jesus?

Stille

Gottes Geist will uns führen und leiten, vorausgesetzt, wir nehmen seine Führung an. Bin ich bereit, mich vom Geist Gottes an der Hand nehmen und leiten zu lassen?

Stille

Der WGL spricht:
„Es erbarme sich unser der allmächtige Gott, der Vater + und der Sohn + und der Heilige + Geist."
Alle antworten:
„Amen."

9. Lied
GL 116: Gott, heilger Schöpfer
GL 168: O Herr, nimm unsre Schuld

10. Credo
Wenn Gott uns vergibt und die Chance des Neubeginns schenkt, dürfen wir dankbar und erleichtert aufatmen und in Freude bekennen:
GL 356

11. Dank- und Schlusslied
GL 294: Was Gott tut
GL 283: Danket, danket

„Maranatha - Komm, Herr Jesus"
Weihnachten

1. Einzug
Der WLG zieht mit den GDH und MI ein. Er hält das Jesuskind in Händen, legt es in die Krippe und inzensiert es. Dazu wird gesungen:

GL 107: Macht hoch die Tür

2. Eröffungsworte
Gottes Licht, das uns heute erscheint, sei mit uns allen!
In der Mitte der Nacht haben wir uns versammelt, um miteinander die Geburt des Herrn zu feiern. Gerne hätten wir dies in der festlichen Form der Messfeier getan. Die ist leider nicht möglich, weil ...*(Grund einfügen)*. Wir wissen uns verbunden mit den Pfarreien unseres Dekanates, unserer Diözese und der Kirche auf der ganzen Welt. Mit ihnen preisen wir den Heiland der Welt und rufen:

3. Kyrie-Rufe
Herr Jesus Christus,
– Gott von Gott: Kyrie eleison
– Licht vom Lichte: Christe eleison
– Wahrer Gott vom wahren Gott: Kyrie eleison

Der Herr verzeihe uns unsere Herzenshärte, er nehme das Herz aus Stein aus unserer Brust und gebe uns ein Herz aus Fleisch, damit wir mit hellem und frohem Herzen diesen Gottesdienst feiern.

4. Gloria
GL 354
GL 143, 1.2.4: Nun freut euch, ihr Christen

5. Gebet

Herr, unser Gott, in dieser hochheiligen Nacht ist uns das wahre Licht aufgestrahlt. Lass diesen Lichtstrahl bis in unsere Herzen dringen, damit er die Finsternis vertreibe und den Glanz deiner Herrlichkeit in uns entfache. Darum bitten wir durch Christus, unseren Herrn.

6. Zur ersten Lesung

Mehr als eine Familie sich über ihr Neugeborenes freut, dürfen wir uns freuen, denn in dieser Nacht strahlt mit der Geburt des Kindes uns allen ein Licht auf.

7. Antwortgesang

GL 149,1: Alle Enden *mit Psalm 96*, GL 151, Vers 1+2, 3+4, 10+11

GL 719: Der Herr ist mein Licht und mein Heil *mit Psalm 27*, Vers 1+2, 11+12, 17+18

8. Zur zweiten Lesung

Vom Geschehen dieser Nacht wird keiner ausgenommen. Ein jeder darf sich freuen, weil das Kind die Schuld der Menschen tilgen wird, weil wir unseres Lebens wieder froh werden dürfen.

9. Ruf vor dem Evangelium

GL 155: Christus ist geboren, Halleluja

10. Zum Evangelium (Lk 1, 1-14)

Was sich idyllisch anhört, war einst rauhe Wirklichkeit. Kein Dach über dem Kopf, kein Bett für die Geburt des Kindes. Dach und Bett werden überflüssig, wenn wir Jesus in unsere Welt kommen lassen.

11. Predigtentwurf:

„Und es ward Licht"

Im Advent fanden sich folgenden Schlagzeilen in der Tagespresse: „Gutes Licht kann Kauflust und Arbeitseifer steigern."

Der Artikel berichtet über eine Studie des Rocky Mountain Institute, wonach die Arbeitsleistung von Postbeamten nach dem Tausch alter gegen neuer Energiesparleuchten um 8 % erhöht werden konnte. Der Absatz eines Kaufhauses in Kansas sei nach erfolgtem Umbau und nunmehriger Verwendung des Tageslichtes deutlich angestiegen. Die Studie belegt wissenschaftlich den positiven Einfluß des Lichtes auf die Arbeitskraft des Menschen.

„Volle Wartezimmer"
Wenige Tage später fand sich in derselben Tageszeitung der Beitrag: „Volle Wartezimmer". Gemäß den Recherchen des Journalisten füllen sich die Wartezimmer von Ärzten und Psychologen im Winterhalbjahr nicht nur wegen vermehrter Grippefälle, vielmehr häufen sich aufgrund des trüben Wetters in dieser Jahreszeit und des oft wochenlang verhangenen Himmels die Herz- und Kreislaufbeschwerden. Ebenso sei ein Ansteigen von Müdigkeit und Depressionen zu verzeichnen. Ärzte und Psychologen führen dies u. a. auf die „sparsame" Wintersonne und die frühe morgendliche und abendliche Dunkelheit zurück. Auch dieser Beitrag brachte als Fazit die leistungssteigernde, gesundheitsfördernde und animierende Wirkung von Sonne und Licht auf das Wohlbefinden des Menschen zutage.

„Das Volk, das im Dunkeln lebt, sieht ein helles Licht"
Diese inzwischen wissenschaftlich gesicherte und mit Zahlen belegte Erkenntnis reicht schon weit in die Menschheitsgeschichte zurück. Die Lesung aus dem Propheten Jesaja, ca. 730 v. Chr. entstanden und einem verängstigten Volk in einem verwüsteten Land zugedacht, macht sich diese Einsicht zunutze.
„Das Volk, das im Dunkeln lebt, sieht ein helles Licht; über denen, die im Land der Finsternis wohnen, strahlt ein Licht auf." (Jes 9,1) Mit Vers 5 wird dieses Licht näher benannt: „Denn uns ist ein Kind geboren, ein Sohn ist uns geschenkt. Die Herrschaft liegt auf seiner Schulter; man nennt ihn:

Wunderbarer Ratgeber, Starker Gott, Vater in Ewigkeit, Fürst des Friedens. Seine Herrschaft ist groß, und der Friede hat kein Ende." Dem Volk, das im Finstern lebt, kündigt Jesaja ein großes Licht an: Die Geburt eines Kindes, das wie die Morgensonne über der Finsternis dieser Welt aufgehen wird.

„Die Verheißung wird Wirklichkeit"

Was Jesaja ankündigt und verheißt, tritt in der heiligen Nacht ein und wird Wirklichkeit. Einfache Hirten werden von einem Engel des Herrn auf jenes wunderbare Geschehen aufmerksam gemacht, das sich unweit ihrer Herden in der Stille und Dunkelheit jener Nacht ereignet. „Da trat der Engel des Herrn zu ihnen, und der Glanz des Herrn umstrahlte sie." (Lk 2,9) Die Nacht muss der „doxa kyriou" weichen, der „Herrlichkeit des Herrn".

„Lang, lang ist's her"

„Lang, lang ist's her", mag mancher einwenden. Wer so spricht, übersieht vorschnell, dass dieses Licht nicht nur dem Volk Israel in Bethlehem aufgehen wollte. Wer so spricht, übersieht, dass das damals geborene Kind auch heute wieder geboren werden möchte: In den Herzen der Menschen. In unseren zuweilen dunklen und düsteren, verängstigten und versteinerten Herzen möchte jenes Licht neu entzündet werden, das den Israeliten, den Hirten, die Angst und Beklommenheit zu nehmen vermochte. In unseren zerbrechlichen und verletzbaren Herzen möchte jenes Licht aufstrahlen, uns neuen Mut einflößen und uns zu neuen Taten anspornen. In unseren schwankenden und unentschlossenen Herzen möchte jenes Licht aufleuchten, das Neues in uns aufzubrechen vermag, das Neues wachsen und reifen lassen kann.

Dies ist die heilige Nacht, in der Gott uns das große Geschenk bereitet: Die Fülle des Lichtes, die Fülle des Lebens, die Fülle der Liebe. Dies ist die heilige Nacht, in der Gott seinen Sohn als Gott von Gott, als Licht vom Licht offenbart, wie wir nachher im Credo bekennen:

„Gott von Gott, Licht vom Licht."
Du Gott von Gott, du Licht vom Licht,
vertreibe in dieser heiligen Nacht
die Finsternis aus unseren Herzen.
Nimm von uns Angst und Beklommenheit.
Nimm weg, was an Schwerem, Dunklem
und Unheilvollem auf uns lastet,
und zünde uns dein Licht an.
Dein Licht, das Wärme spendet.
Dein Licht, das Geborgenheit vermittelt.
Dein Licht, das Zärtlichkeit verströmt.
Du Gott von Gott, du Licht vom Licht,
umhülle uns in dieser heiligen Nacht
mit dem Glanz deiner Herrlichkeit,
und laß uns in deinem Licht
das Leben und die Liebe entdecken.

12. Alternative zur Predigt: Lichtmeditation

Bei der Krippe steht eine Menora, ein siebenarmiger Leuchter,
der von der Osterkerze aus entzündet wurde.
Bis jetzt war es bei jedem von uns dunkel und finster. Wir
hatten ein Licht bei uns, doch es war nicht entzündet, es
leuchtete nicht. Jetzt, da wir unsere Kerze an der Menora,
am siebenarmigen Leuchter entzündet haben, leuchtet es
uns, dem Nachbarn, und es erleuchtet den heiligen Raum.

Wir haben das Licht an der Menora entzündet. Ein solch
siebenarmiger Leuchter stand im Tempel von Jerusalem, im
Heiligtum des jüdischen Volkes. Ihm, dem Volk Israel, war
jener Text bei Jesaja zugedacht, den wir zuvor als Lesung
hörten. Dieses göttliche Wort, das in menschliches Wort
gekleidet ist, gilt aber auch uns: „Das Volk, das im Dunkel
lebt, sieht ein helles Licht; über denen, die im Land der
Finsternis wohnen, strahlt ein Licht auf."

Saßen wir in unserem Leben nicht schon oft im Dunkeln?
War es nicht schon manchmal in uns und um uns so finster,

dass wir alle Hoffnung fahren ließen, verzweifelten und uns am Rand des Abgrunds wähnten? Hat uns nicht schon manches so gehörig aus dem Gleis geworfen und alle Sicherungen bei uns durchbrennen lassen? Jeder von uns kennt solche Situationen.

Dennoch bedeuteten und bedeuten solche Erfahrungen für uns nicht das „Aus". Da gibt es einen, der auch leidvolle Schicksalsschläge zum Guten wandeln kann; da gibt es einen, der in solch unheilvoller Situation dem Menschen ein Licht aufgehen läßt: Gott, die Fülle des Lichtes.

Damals, in der Fülle der Zeiten, „ist uns ein Kind geboren und ein Sohn geschenkt" worden, der dieses Dunkel der Welt vertrieb: der wunderbare Ratgeber, der starke Gott, der Vater in Ewigkeit, der Friedensfürst.

Heute wird er wieder geboren, will er in unseren zuweilen dunklen und düsteren Herzen jenes Licht entzünden, das uns die Angst und Beklommenheit nimmt, das uns aufheitert, neuen Mut zuspricht und uns zu neuen Taten anspornt.
Gott von Gott, Licht vom Licht nennen wir ihn im Credo.

Instrumentalmusik:
Johann Gottfried Walter, „Herr Christ, der einig Gottes Sohn"

Du Gott von Gott,
du Licht vom Licht,
du wahrer Gott vom wahren Gott,
vertreibe die Finsternis aus unseren Herzen,
nimm von uns die Angst und Beklommenheit dieser Zeit,
nimm weg, was an Dunklem und Unheilvollem auf uns lastet
und zünde uns Dein Licht an.

Dein Licht, das Wärme spendet.
Dein Licht, das Geborgenheit vermittelt.
Dein Licht, das Zärtlichkeit mitteilt.

Laß Dein Licht leuchten
in allen Völkern und Nationen,
in allen Ländern und Erdteilen.

Du Gott von Gott,
du Licht vom Licht,
komm und entflamme uns
mit dem Licht deiner Liebe.

Stille

13. Credo
GL 356
GL 130: Gelobet seist du, Jesu Christ
GL 134: Lobt Gott, ihr Christen

14. Fürbitten
Durch Jesus Christus, das Licht der Welt, rufen wir zum Gott
und Vater aller Menschen:
– Dein Licht leuchte dem Papst, den Bischöfen, Priestern und
  Diakonen, die deine Kirche leiten.
  * Vertreibe das Dunkel und bringe dein Licht!
– Dein Licht leuchte den Politikern, denen das Schicksal der
  Menschen und Völker anvertraut ist. *
– Dein Licht leuchte den Kriegstreibern, die die Dunkelheit
  mehr lieben als das Licht. *
– Dein Licht leuchte den Hungernden und Dürstenden, die
  täglich ums Überleben kämpfen. *
– Dein Licht leuchte den vom Schicksal gezeichneten, die nur
  noch Dunkelheit wahrnehmen. *
– Dein Licht leuchte den Einsamen, die die Weihnachtszeit
  als besonders drückend erfahren. *
– Dein Licht leuchte allen Kranken und Leidenden, die in
  ihrem Schmerz die Hoffnung aufgegeben haben. *
– Dein Licht leuchte den Arbeitslosen, die sich überflüssig
  vorkommen. *

- Dein Licht leuchte den Liebenden und Verliebten, damit sie dich, den Quell der Liebe erkennen. *
- Dein Licht leuchte unseren Freunden und Angehörigen, und lass sie dir näher begegnen. *
- Dein Licht leuchte unseren Kindern und Jugendlichen, die Angst vor der Zukunft haben. *
- Dein Licht leuchte den Sterbenden und den Verstorbenen zu Frieden und Freude. *

Dem Vater, der das Licht erschuf, dem Sohn, der das Licht ist, dem Geist, der das Licht ausstrahlt, sei Ehre und Preis in Ewigkeit. Amen.

15. Gemeindelied
GL 145: Stille Nacht

16. Vater unser
Falls bei diesem Gottesdienst die Heilige Kommunion ausgeteilt wird, wäre es wünschenswert, wenn ein KH die heiligen Gestalten aus der Mette einer Nachbarpfarrei überbringt, um die Verbindung mit der Messfeier zu unterstreichen. Der Kommunionempfang würde auf das Herrengebet folgen.

17. Meditation
 – Die Welt war dunkel,
sie war ohne Licht.
 – Die Welt war kalt,
sie war ohne Wärme.
 – Du gabst uns ein Zeichen:
dein Sohn nahm Menschengestalt an,
kam in diese Welt,
und es wurde hell und klar,
es wurde warm und heimelig.
 – Laß uns von diesem Licht und dieser Wärme
an unsere Welt und unsere Mitmenschen weitergeben,
damit wir alle einmal zu jenem Licht gelangen,
das nie erlöschen wird.

18. Segen
Siehe Messbuch: feierlicher Schlusssegen von Weihnachten

19. Mitteilungen, Weihnachtswünsche

20. Entlassungsruf
Gehen wir in der Liebe und im Frieden Christi!

21. Danklied
GL 140: Zu Betlehem
GL 144: Jauchzet, ihr Himmel

22. Auszug
Postludium: Sigfrid Karg-Ehlert, „Nun danket alle Gott"

„Der Herr richtet auf"
Krankengottesdienst
(Zum Fest U. L. Frau von Lourdes)

1. Einzug
Präludium: Johann Kuhnau, „Präludium und Fuge Nr. 2"

2. Eröffnungsgesang
GL 637: Laßt uns loben

3. Begrüßung
Der Herr, der uns Heil und Heilung zuspricht, sei mit euch!

Viele von euch können alters- oder krankheitsbedingt nicht mehr zum Gottesdienst in der Pfarrkirche kommen. Deshalb ist es unserer Pfarrei N. ein Anliegen, euch heute am Gedenktag U. L. Frau von Lourdes mit Hilfe (des Roten Kreuzes, der Malteser, ...) die Gelegenheit zur Mitfeier eines Krankengottesdienstes zu schenken. Ich freue mich, dass ihr unserer Einladung gefolgt seid und danke dem Helferteam für die wertvolle Unterstützung. Wir wollen uns in dieser Stunde unter Gottes Wort stellen und ihn bitten, er möge auch uns die Heilkraft seines Wortes spüren lassen.

4. Kyrierufe
– Herr Jesus Christus, dein Wort macht den blinden Bartimäus sehend:
  GL 401: Kyrie eleison
– Herr Jesus Christus, dein Wort richtet den Gelähmten wieder auf: Kyrie eleison.
– Herr Jesus Christus, dein Wort erweckt Lazarus zu neuem Leben: Kyrie eleison.

5. Gebet
Gott, unser Vater und unsere Mutter, in Jesus von Nazareth hast du den kranken und leidenden Menschen Hoffnung geschenkt. Sein Wort hat den Menschen Heilung und Heil ge-

bracht. Dafür danken wir dir und bitten: Laß auch uns die Heilkraft seines Wortes erfahren, rühre uns an, richte uns auf, und gib uns die Kraft, unser Leid zu ertragen. Laß uns einst, nach den Tagen von Krankheit und Leid, das ewige, österliche Licht sehen in Christus deinem Sohn, der mit dir und dem Heiligem Geist lebt und herrscht in alle Ewigkeit. Amen.

6. Text

An Stelle der Lesung hören wir die Geschichte eines Apfelbaumes, der wider alle Hoffnung doch noch Frucht bringt.

Unter einem kleinen Apfelbaum saß ein Mann. Er wartete darauf, dass ein Apfel am Baum wachsen würde. Er saß einfach da und wartete, aber es tat sich nichts. Er goß den Apfelbaum jeden Tag, aber es zeigte sich einfach keine Frucht. Da verlor der Mann den Mut, und er gab die Hoffnung auf. Er entschloss sich, den Apfelbaum zu fällen. „Mag es regnen oder schneien", so sagte er sich, „kommenden Sonntagnachmittag werde ich den Apfelbaum fällen!"

Am nächsten Sonntag aber war es so neblig, dass der Mann den Apfelbaum nicht sehen konnte und sein Vorhaben eine Woche verschieben musste. Als sonntags darauf die Sonne mit ihren herrlichen Strahlen auf den Apfelbaum schien, entdeckte der Mann, dass ein kleiner, roter Apfel an ihm hing.

7. Antwortgesang

GL 520: Liebster Jesu

8. Evangelium

Mk 10, 46-52: Die Heilung des blinden Bartimäus

9. Homilie

Wir sind nicht jeden Tag gleich guter Laune. Wir durchleben Tage, an denen es uns nicht nur gut, sondern prächtig geht, an denen wir körperlich und seelisch fit sind und uns wohl befinden. An solchen Tagen könnten wir die ganze Welt umarmen. Wir könnten Bäume ausreißen und in eine große Zukunft aufbrechen. An solchen Tagen schmieden wir Pläne, denken wir weit in die Zukunft voraus.

Wir kennen aber auch dunkle, leidvolle, finstere Tage. Tage körperlicher oder seelischer Schmerzen, Tage, die uns niederdrücken, die uns zerschmettern. An solchen Tagen wünscht man sich nicht selten den Tod als Erlösung herbei. Der Mut zerbricht, die Hoffnung geht zugrunde, man sieht keinen Lichtschimmer mehr im Dunkel des Lebens.

Unser Leben verläuft in Wellenlinien, in großen, weiten Bögen zwischen den zwei beschriebenen Bewegungen der Hochs und Tiefs. Viele Tage dazwischen sind Alltage, Tage, an denen sich nichts Besonderes ereignet. Doch sie machen den Großteil menschlichen Lebens aus.

In diese Alltagssituation hinein schreibt Paul Celan einige Gedanken, die gerade älteren und kranken Menschen Trost sein können:

„Manche Menschen wissen nicht, wie wichtig es ist, daß sie einfach da sind.
Manche Menschen wissen nicht, wie wohltuend ihre Nähe ist.
Manche Menschen wissen nicht, wie gut es ist, sie nur zu sehen.
Manche Menschen wissen nicht, wie tröstlich ihr gütiges Lächeln wirkt.
Manche Menschen wissen nicht, wieviel ärmer wir ohne sie wären.
Manche Menschen wissen nicht, daß sie ein Geschenk des Himmels sind.
Sie wüßten es, würden wir es ihnen sagen."

Die Zeit, in der wir leben, ist von großer Hektik geprägt. Jeder wird im Berufsleben hart gefordert, muss Leistung erbringen, damit er bestehen und seinen Arbeitsplatz behalten kann. Wir kommen nicht selten am Abend entnervt nach Hause, essen geschwind noch etwas, um dann die Füße hochzulegen und stundenlang eintönig in den Fernseher zu starren. Für das Gespräch, den gegenseitigen Austausch bleibt kaum Zeit. Soll sich in diesem Ritual der ganze Lebensablauf erschöpfen? Soll das alles sein, was das Leben den Menschen zu bieten hat? Das wäre gar wenig, käme nichts mehr hinzu. Mit „mehr" ist ein Wort des Trostes, das den Verletzten und Trauernden aufzubauen vermag, gemeint; ein Wort des Dankes für alle empfangene Hilfe; ein Wort des Zuspruchs für den Zweifelnden und Fragenden; ein Wort der Zärtlichkeit für den lieben und liebenden Menschen. Wir sollten mehr miteinander und weniger übereinander, wir sollten mehr miteinander und weniger gegeneinander reden. Die Zeit dazu gewinnen wir leicht, wenn wir nur den Fernseher abstellen.

Jesus nimmt sich Zeit für den Menschen, Jesus hat auch stets ein gutes Wort für den Menschen, besonders für den leidenden und kranken Menschen. Das weiß der blinde Bartimäus, und deshalb ruft er so laut er kann: „ Sohn Davids, Jesus, hab Erbarmen mit mir!" Wir dürfen uns Bartimäus ruhig zum Vorbild nehmen und wie er an den Tagen des Leides, des Schmerzes, des Kummers und der Verzweiflung laut und deutlich rufen: „Sohn Davids, Jesus, hab Erbarmen mit mir!" Die Umstehenden reden auf Bartimäus ein: „Das kannst du doch nicht machen. Du kannst doch den Meister nicht belästigen!" Bartimäus ruft aber noch viel lauter. Manchmal müssen wir laut und heftig zu Gott rufen, dass er uns hört, dass er im Trubel der Stimmen die unsere nicht überhört.

Tatsächlich hört Jesus den schreienden Bartimäus. „Ruft ihn her!" Jetzt ermutigen die Zuhörer Bartimäus: „Hab nur Mut, steh auf, er ruft dich!" Dieses Wort des Zuspruchs wird auch von uns, von den Angehörigen der alten und kranken Menschen stets aufs Neue eingefordert.

„Hab nur Mut, steh auf, Er ruft dich! Sei zuversichtlich, es kommen auch wieder bessere Tage und vergiss nicht, dass es einer gut mit dir meint!" Gerade an grauen und trüben Tagen bedarf der Mensch solchen Zuspruchs.

Schließlich vernimmt Bartimäus das befreiende Wort: „ Geh, dein Glaube hat dir geholfen! Im gleichen Augenblick konnte er wieder sehen, und er folgte Jesus auf seinem Weg." Nicht immer wird unser Beten und Rufen wie bei Bartimäus von Heilung gekrönt. Aber eines vermag das Bitten, Beten und Rufen vielfach: es kann unser Leid erträglicher und leichter machen, es kann uns neuen Mut und frische Hoffnung zusprechen, so dass wir den Lebensweg wieder etwas unbeschwerter gehen können.

Genau darum wollen wir Gott in dieser Stunde bitten: Um sein zukunfts- und hoffnungsspendendes Wort, das uns das Leben wieder lebenswert erscheinen lässt.

Stille

10. Lied
GL-Anhang: Gib uns Frieden

11. Meditation
„Hab nur Mut, steh auf, er ruft dich!"
Wenn der Kummer dein Herz zu erdrücken droht:
„Hab nur Mut, steh auf, er ruft dich!"
Wenn die Krankheit dich am Sinn des Lebens zweifeln lässt:
„Hab nur Mut, steh auf, er ruft dich!"
Wenn der Tod deines Liebsten dich in tiefste Depressionen stürzt:
„Hab nur Mut, steh auf, er ruft dich!"

Wenn in deinem Freundeskreis wieder einmal Krebs oder Aids zugeschlagen hat:
„Hab nur Mut, steh auf, er ruft dich!"
Wenn die Sorge um deine Familie dich aufreiben will:
„Hab nur Mut, steh auf, er ruft dich!"
Wenn die Enttäuschung über deinen Partner dich am Guten im Menschen zweifeln lässt:
„Hab nur Mut, steh auf, er ruft dich!"

Da sprang er auf und lief auf Jesus zu und dieser sagte zu ihm: „Geh! Dein Glaube hat dir geholfen!"

12. Aussetzung
GL-Anhang: Wir beten an
Sakramentslied

13. Anbetung: Lob- und Bittgebet
Herr Jesus Christus, du wohnst in unserer Mitte und bist im Brot der Eucharistie und im Wort der Heiligen Schrift gegenwärtig. Dir rufen wir zu:

* Wir beten dich an!
Du hast den blinden Bartimäus geheilt. *
Du hast den Gelähmten wieder auf die Beine gestellt. *
Du hast das Leid der blutflüssigen Frau gestillt. *
Du hast die Tochter des Jaïrus ins Leben zurückgerufen. *
Du riefst zum Taubstummen: „Effata, öffne dich!" *
Du hast den besessenen Jungen von der Plage des Bösen befreit. *
Du hast deinen toten Freund Lazarus aus dem Reich des Todes ins Leben zurückgeholt. *
Du hast Aussätzige wieder in ihre Familien integriert. *
Du hast die Schwiegermutter des Petrus vom Fieber befreit. *
Du hast die Hungernden mit Brot gespeist. *

Zusammen mit unserem Lobpreis tragen wir dir auch unsere Bitten vor und rufen:

* Herr, stütze und schütze uns!

Herr, lass uns nicht am Leben verzweifeln, denn das Licht deiner Herrlichkeit erwartet uns, auch wenn der Tunnel des Lebens noch so lang und dunkel ist. *

Herr, lass uns selbst zum Schutz und zur Stütze unserer Mitmenschen werden. Schenke uns ein Lächeln im rechten Moment und ein gutes Wort an der richtigen Stelle. *

Herr, lass uns spüren, dass wir nicht allein auf der Welt sind, sondern kleine Steine deines herrlichen Mosaiks sein dürfen.*

Herr, erhalte uns die Fähigkeit, dem Leben auch die schönen Seiten abzugewinnen. *

Herr, steh auch den Ärzten und Pflegekräften, den Angehörigen, die für uns sorgen, bei, und sei ihnen Stütze und Schutz. *

14. Vater unser
Fassen wir all unser Lob- und Bittgebet mit dem Gebet des Herrn zusammen: VATER UNSER

15. Segenslied
GL 541: Tantum ergo

16. Segen
Alle Kranken sind nun eingeladen, wie beim Kommuniongang herauszutreten. Wie in Lourdes, jenem Ort, wo schon viele Kranke Heilung und Heil erfahren haben, wird jeder einzeln mit dem Allerheiligsten gesegnet.

„Gott der Allmächtige, schenke dir Heilung und Heil, der Vater + und der Sohn + und der Heilige + Geist. Amen."

Währenddessen: leise, meditative Orgelmusik: Hermann Schroeder „Andante sostenuto."

anschließend: allgemeiner Segen

17. Schlusslied

Wir beschließen den Krankengottesdienst mit dem Gruß an Maria:

GL 32,1: Salve Regina

GL Anhang: Segne du Maria

18. Auszug

Postludium: Johann Kuhnau, „Präludium und Fuge Nr. 1"

„Bekehre dich"
Aschermittwochsgottesdienst
(für Schüler)

1. Eröffnungsgesang
GL 179, 1-3: O Haupt voll Blut und Wunden

2. Eröffnungsvers
Du erbarmst dich aller, o Herr, und hast Nachsicht mit den Sünden der Menschen, damit sie sich bekehren; denn du bist unser Herr, unser Gott.
(Weis 11, 24-25.27)

3. Begrüßung
Der Herr, der uns zur Umkehr und zu einem neuen Anfang ruft, sei mit euch!
Im Religionsunterricht haben sich die Schüler/innen über die Fastenzeit Gedanken gemacht. Dabei sind folgende Stichworte gefallen: Asche, Feuer, verbranntes Holz, vierzigtägiges Wandern Jesu durch die Wüste, Aschenkreuz, kein Fleisch essen, auf etwas, was nicht notwendig ist, verzichten, Vorsätze fassen, den Glauben erneuern, zu Gott finden, den Kontakt mit Gott pflegen, einen neuen Weg einschlagen, Zeit der Umkehr, Vorbereitung auf Ostern.
Wir können nicht alles auf einmal tun, aber etwas sollten wir uns doch auswählen und die Chance der Fastenzeit nützen.

4. Kyrierufe:
– Herr Jesus Christus, Du schenkst uns die Fastenzeit als Zeit der Umkehr.
  GL 401: Kyrie eleison
– Du selbst hast 40 Tage gefastet und rufst auch uns zum Verzicht auf. Christe eleison.
– Du lädst uns ein, in dieser Zeit den Glauben zu erneuern und zu vertiefen. Kyrie eleison.

5. Vergebungsbitte

Der allmächtige Gott schenke uns sein Erbarmen, er verzeihe unseren schwachen Willen und gebe uns den Mut und die Kraft, mit der Umkehr Ernst zu machen. Amen.

6. Tagesgebet

Getreuer Gott, im Vertrauen auf dich beginnen wir die vierzig Tage der Umkehr und Buße. Gib uns die Kraft zur Erneuerung, damit wir dem Bösen absagen und mit Entschiedenheit das Gute tun. Darum bitten wir durch Jesus Christus.

7. Lesung

Joël 2, 12-18: Aufruf zur Buße

8. Antwortgesang

GL 498: Lamm Gottes, du nimmst

9. Evangelium

Mt 6, 1-6. 16-18: Almosen und Fasten

10. Kurze Homilie

Zu Beginn sprechen einige Schüler:
Ich verzichte auf ...
kurze Homilie: Und worauf verzichtest DU? *(ausdeuten)*

11. Aschensegnung/Aschenausteilung

Liebe Schülerinnen und Schüler, liebe Lehrerinnen und Lehrer, liebe Gottesdienstbesucher, wir wollen Gott, unseren Vater bitten, dass er diese Asche segne, die wir uns als Zeichen unserer Umkehr und Erneuerung auf den Kopf streuen lassen.

Gebet: Barmherziger Gott, Du bist den einfachen und bescheidenen Menschen nahe, du freust dich, wenn wir Menschen umkehren und vermehrt den Kontakt zu dir suchen. Wir bitten dich: Segne + alle, die gekommen sind, um das Aschenkreuz zu empfangen. Hilf uns, die 40 Tage der

Fastenzeit in rechter Gesinnung zu begehen, damit wir das heilige Osterfest mit freudigem Herzen erwarten. Darum bitten wir durch Jesus Christus.

Zur Aschenausteilung: meditatives Orgelspiel: Johann Pachelbel, „Aus tiefer Not schrei ich zu Dir"

12. Händewaschung

13. Bitten
Durch Jesus Christus, der selbst und oft zum Vater im Himmel betete, kommen auch wir zu Gott und rufen:
– Wir beten für uns, dass uns das Fasten nicht so schwer fällt.
  * Herr, erneuere uns.
– Wir beten für die Menschen, die noch nicht zu dir gefunden haben, dass sie umkehren zu dir. *
– Wir beten für die Menschen, die ihren Glauben an Gott verloren haben, dass sie ihn wiederfinden. *
– Wir bitten für alle Schwerkranken, dass sie das Vertrauen zu dir nicht verlieren. *
– Wir beten für die Alten, dass sie ihre Einsamkeit ertragen. *
– Wir beten für die behinderten Kinder und Erwachsenen dieser Erde. *
– Wir beten für die Kinder, die ihre Eltern im Krieg verloren haben. *

14. Vater unser
All unser Beten fassen wir im Gebet des Herrn zusammen:
VATER UNSER

15. Segen
Gott, der Herr, segne euch/uns und schenke euch/uns die Kraft zum Verzicht. Amen.
Unser Herr Jesus Christus sei euch/uns nahe, damit ihr/wir euren/unseren Vorsatz halten könnt/können. Amen.
Der Heilige Geist stehe euch/uns bei, damit ihr/wir den Mut und die Kraft zur Erneuerung findet/finden. Amen.

Das gewähre euch/uns der dreieine Gott, der Vater + und der Sohn + und der Heilige + Geist. Amen.

16. Gruß an Maria

Die Gottesmutter Maria hat mit ihrem Sohn mitgelitten. Sie hat seinen Leidensweg miterlebt und miterlitten. Ihr, die unter dem Kreuze ausharrte, gilt abschließend unser Gruß.
GL 584: Christi Mutter

17. Entlassungsruf

Gehet hin und macht ernst mit eurer Umkehr!
Dank sei Gott, dem Herrn!

18. Auszug in Stille

„Leer werden"
Bußgottesdienst

1. Eröffnungslied
GL 160, 3.4.6: Bekehre uns

2. Liturgische Eröffnung
Der Herr, der uns zur Umkehr und zum Neubeginn ruft, sei mit euch!

Wir stehen am Ende (mitten in) der Fastenzeit. Jeder von uns hat auf seine Weise das Fasten probiert, mal ist es uns besser, mal schlechter gelungen. In dieser Stunde wollen wir Zwischenbilanz ziehen. Wie weit sind meine Ostervorbereitungen gediehen? Habe ich jene innere Wende vollzogen, die vor dem Hochfest der Erlösung angesagt und angeraten ist? Nehmen wir uns für den Blick in unser Gewissen Zeit und stellen wir uns den Fragen, auch wenn uns diese manchmal unangenehm berühren sollten.

3. Umkehrruf
Zur Vorbereitung beten wir abwechselnd den Ruf zur Umkehr: GL 774, 2: Hört auf die Stimme (V/A)

4. Gebet
Gott. Du kennst uns besser, als wir uns selber kennen. Du weißt, wie sehr wir der Änderung und Umkehr bedürfen. Aber du trittst nicht mit Gewalt an uns heran oder mit List. Du kommst zu uns mit deinem Wort - deinem offenen und guten, deinem fordernden und heilenden Wort.
Gib, dass wir dir heute nicht ausweichen, dass wir uns öffnen und dein Wort annehmen: Jesus Christus, deinen Sohn, unseren Herrn und Gott, der in der Einheit des Heiligen Geistes mit dir herrscht in alle Ewigkeit. Amen.

5. Lesung
Joël 2,12-18: Aufruf zur Buße

6. Antwortgesang
Orgelmeditation (GL 168, 1 - 4 *mit Registerwechsel*)

7. Homilie
Jeder von uns kennt folgende Situation. Der Urlaub naht, die Koffer werden gepackt, das Auto wird beladen. Jeder Mitreisende packt ein, was er für notwendig erachtet. Doch meist wird wesentlich mehr als notwendig eingepackt. Irgendwann merkt man, der Koffer ist zu voll, es hat nicht alles Platz. Der Kofferraum ist dicht, jede kleinste Ecke ausgefüllt, das Fahrzeug neigt sich bedenklich zur Asphaltdecke. Jetzt hilft nur eines: auspacken, Unnötiges ausräumen, Koffer und Kofferraum erleichtern, sonst kann der Fahrzeuglenker nicht für die Sicherheit der Insassen garantieren.

Uns Menschen geht es ähnlich. Tagtäglich stopfen wir viel in uns hinein: Essen, Trinken, Arbeit, Hobbys, Sport, ehrenamtliches Engagement usw. Wir merken kaum, dass wir meist überladen sind und Leib und Seele nach Erleichterung schreien. Leer werden ist angesagt.

Leer werden - so könnte man über die Fastenzeit schreiben. Leer werden von einem „zuviel", frei werden von unnötigem Ballast, offen für Gott. Was ich näherhin damit meine, schildert eine kleine Episode aus dem Leben des heiligen Pfarrers von Ars. Dieser beobachtete vom Beichtstuhl aus, wie ein Bauer lange Zeit ohne Rosenkranz und ohne Gebetbuch vor dem Allerheiligsten verweilte und unentwegt zum Tabernakel blickte. Neugierig geworden ging er auf den Landwirt zu und fragte ihn, was er denn die ganze Zeit tue. Dieser antwortete schlicht und ergreifend: „Er schaut mich an, und ich schaue ihn an."

Der Bauer war innerlich so frei und ungezwungen, so offen und leer, dass er sich ganz von Gott erfüllen ließ. Allen unnötigen religiösen Ballast hatte er über Bord geworfen. Ihm genügte ein sehnsüchtiger, liebender Blick zum Tabernakel. „Er schaut mich an, und ich schaue ihn an." Der Bauer hatte sich verinnerlicht, was ein modernes Kirchenlied in die Worte kleidet: „Ich steh vor dir mit leeren Händen, Herr" (GL 621). Mit leeren Händen vor Gott stehen heißt nicht, nichts zu haben. Mit leeren Händen vor Gott zu stehen bedeutet, diese leeren Hände von ihm mit all dem füllen zu lassen, was das Leben braucht, damit es glücken und gelingen kann.

Wer schon einmal einen Tag lang gefastet hat weiß, wie schwer einem das fallen kann. Der Magen knurrt, der Heißhunger überfällt einem, und doch wird man innerlich frei und gelöst. Man spürt eine geistige Frische und Leichtigkeit, die einen direkt beflügelt. Leer werden nennen wir diesen Vorgang.

Die Fastenzeit ist eine Zeit der Umkehr und Buße, eine Zeit des Neuanfangs. Ich darf getrost meinen Sünden- und Schuldenmüll auf der göttlichen Halde deponieren. Ich darf ablegen, was mich belastet, abstreifen, was mich am Vorangehen, am Zugehen auf das Osterfest hindert. Ich darf in meine leeren Hände legen lassen, was ich wirklich brauche: befreites, erlöstes Leben.

Leer werden heißt frei werden. Leer werden heißt offen werden. Leer werden heißt empfänglich werden. Empfänglich für die Gabe Gottes, für das österliche Leben.

8. Akt der Selbsterkenntnis
GL 621, 1-3: Ich steh vor dir

9. Gewissenserforschung
Eine durchsichtige Glasschale steht auf dem Altar. Sie ist mit rotem Traubensaft gefüllt.
Zu Beginn der Gewissenserforschung wollen wir einen Blick auf die Glasschale werfen. Sie ist mit rotem Traubensaft gefüllt. In ihr hat fast nichts mehr Platz. So wird die gefüllte Schale zum Symbol für den modernen Menschen.

Jeder von uns ist angefüllt, ist vollgefüllt, oftmals mit Dingen, die unserem Leib und unserer Seele nicht gut tun.

Weil unsere hektische und betriebsame Welt uns zu wenig Zeit lässt, gönnen wir uns häufig nicht die nötige Ruhe, sondern stopfen irgendetwas in uns hinein.

Häufig schwer verdauliche fette, kalorienreiche Speisen, die unseren Organismus belasten. Kann ich fasten oder stopfe ich unkontrolliert Nahrungsmittel und Süßigkeiten, Alkohol und Nikotin in mich hinein?

Stille

Nehme ich mir wenigstens an den Sonn- und Feiertagen Zeit zum Essen und zum Gespräch mit der Familie und Freunden?

Stille

Widme ich meinen Mitmenschen und mir selbst die nötige Zeit, oder bin ich mit Stress und Hektik angefüllt, so dass mir nicht einmal mehr Zeit zum Nachdenken und zum Entspannen bleibt? Wir sind alle voll. Wovon?

Stille

Wenn unser Leben nicht „kranken" soll, müssen wir wieder leer werden. Von den Ärzten wissen wir um die heilsame Wirkung des Fastens, des Leerwerdens, für Leib und Seele. Beide können sich durch das Fasten regenerieren. Wir gießen nun den Traubensaft in ein anderes Gefäß, so dass unsere Schale wieder leer wird.

(Abwarten, bis Schale leer ist)

Überlegen wir gemeinsam: Was muss ich ausgießen, um wieder leer und frei zu werden?

Stille

Welche Fesseln muss ich lösen, um das Geschenk der Freiheit aufs Neue erleben zu dürfen?

Stille

Wie könnte ich vorgehen, um unnötigen körperlichen und seelischen Ballast abzustreifen?

Stille

Jetzt ist die Schale wieder leer, wir wollen sie mit einem Krug Wasser auffüllen. Wasser als Zeichen des Lebens, als Geschenk Gottes für den dürstenden Menschen unserer Tage. *(Warten, bis Schale gefüllt ist)*
Wir dürfen getrost mit unserer Leere vor Gott hintreten. Wir haben bereits die Worte gesprochen: „Ich steh vor dir mit leeren Händen, Herr". Mit leeren Händen vor Gott stehen bedeutet, bereit zu sein, die leeren Hände von Gott anfüllen zu lassen.
Was brauche ich wirklich, damit mein Leben gelingt?

Stille

Was fehlt mir zu meinem persönlichen Lebensglück?

Stille

Lässt mein Stolz zu, vor Gott als Sünder mit leeren Händen hinzutreten und mich von ihm beschenken zu lassen?

Stille

10. Vergebungsbitte:
Wir haben Gutes unterlassen und Böses getan. Wir bedürfen des göttlichen Erbarmens, der Vergebung, damit unser Neubeginn gelingen kann. Unsere Bitte um Vergebung drücken wir mit dem Lied GL 168 aus, das wir abwechselnd beten/singen wollen.

Gott, nimm unsere Schuld. Du weißt um unsere Talente und um unsere Fehler, Du siehst unser Bemühen und auch unser

Versagen. Schenke uns die Fülle deines Erbarmens und vergib + uns unsere Schuld.

Dann dürfen wir uns neu Dir und unseren Mitmenschen zuwenden, dann können wir uns selbst wieder im Spiegel anschauen, dann dürfen wir freudigen Herzens Ostern entgegengehen und das Fest der Erlösung miteinander feiern, in Christus, unserem Herrn. Amen.

11. Händereichen

Unser gegenseitiges Händereichen soll bekunden, dass wir, die wir Gottes Vergebung erfahren dürfen, einander ein frohes und gesegnetes Osterfest wünschen.

12. Danklied

GL 179, 1+5: O Haupt
GL 182, 4.5.6.7.8: Du bist
GL-Anhang: Wir danken dir
GL-Anhang: O Licht aus Himmelshöhen
GL-Anhang: Heiliges Kreuz

„Jesus lebt! Mit ihm auch ich!"
Die Feier der Osternacht

I. Erwägenswertes zur Gestaltung der Liturgie

Die liturgische Ordnung der Osternacht kann nicht nur auf eine gewisse Tradition verweisen, sie hat auch einen gewissen Sinn. Lichtfeier, Wortgottesdienst, Tauffeier und Eucharistiefeier bilden die vier Hauptteile der Liturgie. Und doch stelle ich seit geraumer Zeit eine kritische Anfrage an diese Reihung. Wie ein Schriftsteller sein literarisches Werk, so es ein Meisterwerk werden soll, langsam, in der Spannung ansteigend, einem Höhepunkt zustrebend anlegt und sodann ruhig ausklingen läßt, so sollte auch die Feier der Osternacht aus Ruhe und Stille anwachsen, sich im Jubel verstrahlen und schließlich wieder ausklingen. Aufgrund solch dramaturgischer Erwägungen scheint mir eine Vertauschung der beiden ersten Hauptteile - zuerst die Wortliturgie, anschließend die Lichtfeier - sinnvoller und den Gesetzen der Dramaturgie besser folgend.

Es wäre vorstellbar, die nächtliche Feier bei spärlicher Beleuchtung mit dem ausführlichen Teil der Wortliturgie zu beginnen. Dann müssten freilich die Antwortgesänge mit der ruhig-meditativen Gestimmtheit des ersten Hauptteiles korrespondieren. Danach schlösse sich die Lichtfeier an. Der WGL zieht mit den GDH und - wo möglich - mit der versammelten Gemeinde zum österlichen Feuer vor das Kirchenportal und kehrt mit der entzündeten Osterkerze in die Kirche zurück. Jetzt wäre dem Osterjubel freier Raum geschenkt, dem Exultet folgte das Gloria, das Tagesgebet, die Lesung aus dem Römerbrief, das Osterhalleluja und das Evangelium, und die nun frei gewordene österliche Stimmung würde nicht mehr durch die Vielzahl der biblischen Texte zurückgedrängt und in Ketten gelegt. Liturgische Experimente dieser Art berichten durchwegs positive Erfahrungen, die trotz bisher geregeltem Ablauf, nicht einfach achtlos beiseite geschoben werden sollten. Kein Teil der liturgischen Ordnung ginge verloren, nichts fiele der Umstellung zum Opfer, die Nacht der Nächte aber hätte vom Aufbau her an innerer Logik und Stringenz gewonnen.

Welcher Variante man auch immer den Vorzug gibt: Wichtig ist, die Osternacht mit der nötigen Zeit, Ruhe und Festlichkeit zu begehen, denn heute ist Hoch-fest und Hoch-zeit, heute offenbart sich das Leben in seiner ganzen Fülle.

II. Homiletische Besinnung

Zu den biblischen Texten der Osternacht liegen zahlreiche exegetische und bibeltheologische Deutungsversuche vor, die hier nicht komplettiert werden sollen. Die folgenden Gedanken verstehen sich daher als aktualisierende und zugleich meditative Impulse, welche die Mitfeier der Osternacht im langen Teil der Wortliturgie erleichtern und bereichern möchten.

Zu Gen 1,1 - 2,2

Wer Gottes Absicht in der Erzählung der Schöpfungsge-schichte mit der heutigen Realität vergleicht, kommt zur knappen Feststellung: „Die Buchstaben sind verwechselt." Anstelle der Jahwe Aufforderung: „Seid fruchtbar!" handeln immer mehr Menschen nach der Losung: „Seid furchtbar!" Die verwechselten Buchstaben ziehen fatale Folgen nach sich. „Unterwerfen" und „Herrschen" werden als Ausbeuten und Zerstören mißverstanden.

Dabei verlangt gerade das „Herrschen" eine ungemein große Sensibilität für das, was beherrscht werden soll, denn „herrschen" ist mit sorgen und pflegen, nicht aber mit unterdrücken und ausbeuten zu identifizieren. „Seid fruchtbar" besagt auch, dass man den Menschen an seinen Früchten erkennen wird. Die „Früchte" in Sachen Ökologie aber sind düster und finster wie diese Nacht. „Es werde Licht" hieß es nicht nur am Anfang der Schöpfungs-geschichte. „Es werde Licht" kann es auch heute heißen, wenn wir im Glanz der Auferstehung begreifen, dass sich Gott in dieser Nacht als Gott des Lebens erweist und uns zum Leben und zum Dienst am Leben - auch künftiger Generationen - aufruft.

Zu Gen 22,1-18

Im Gabenbereitungslied einer Kindermesse (Pfälzer Kindermesse) lautet die erste Strophe: „Alles, was wir haben, alle unsere Gaben, alles, was wir haben, schenken wir dir hin." In einer für uns unverständlich anmutenden Weise bietet Abraham das Leben seines einzigen Sohnes Isaak an. „Nimm es, guter Gott, dir soll es gehören. Nimm es guter Gott, nimm uns selber hin." Da Jahwe kein blutrünstiger, sondern ein erprobender Gott ist, greift er im entscheidenden Moment ein, um unnötiges Blutvergießen zu verhindern.

Nicht das Opfer, sondern die Haltung vollkommener Darbietung und bereitwilligen Gehorsams sind gefragt. „Jetzt weiß ich, daß du Gott fürchtest." (Vers 12) Abraham ist im Glauben an Jahwe bereit, alles ihm zur Verfügung Stehende zu geben, sogar seinen einzigen Sohn. Wer so handelt, weist sich als gehorsamer und demütiger Mensch aus. Wer wirklich alles gibt, was er hat und was in ihm steckt, dem wird Gottes Segen „in Fülle" (Vers 16) zuteil. Dass Gott zu dieser Segenszusage steht, beweist er in dieser Nacht: Seinen Sohn, der bereit war alles zu geben, beschenkt er nicht nur mit Segen, sondern mit Leben in einer bis dahin neuen und einzigartigen Dimension.

Zu Ex 14,15 - 15,1

Von „Führung" reden wir nicht gerne, da dieses Wort in unserm Land historisch belastet ist. Obwohl „Führung" und „Ver-führung" eng miteinander verwandt sind, wohnt „Führung" eine positive Bedeutung im Sinne von Geleitet- und Begleitetwerden inne. Positiv verstandene „Führung" setzt eine große Portion Vertrauen voraus. Einer traut dem anderen soweit, dass er sich von ihm leiten und führen lässt, wie Mose in der Exodus-Erzählung. Die uns allen vertraute Exodusstelle, bringt uns Mose als glaubenden, vertrauenden und zuversichtlichen Menschen nahe. Von Jahwes guten Absichten ist er so felsenfest überzeugt, dass er sich von ihm an der Hand nehmen und leiten lässt. Mehrfach heißt es, dass Mose seine Hand ausstreckt, das bedeutet, dass er sie öffnet, sich als wehrlos erweist und Jahwe die weitere Führung überlässt. Wenn einer Israel retten kann, dann Jahwe. Mose und mit ihm ganz Israel lassen sich an der Hand nehmen, sie lassen sich vertrauensvoll führen und erfahren Rettung. Wer sich vom Licht des Auferstandenen führen lässt, der vermag das Dunkel seines Lebens zu druchschreiten, der wird bald einmal feststellen, dass er sich wieder auf sicherem Boden befindet.

Zu Jes 54,5-14

Kinder dürfen (hoffentlich!) immer wieder erleben, dass ihre Eltern auch dann zu ihnen stehen, wenn sie Mist gebaut und etwas verbockt haben. Stellen wir uns vor, Eltern würden Kinder nach (gravierenden) Fehlern ausstoßen. Welches Kind und welcher Jugendlicher hätten dann noch eine Chance! „Weil du unser Kind bist, stehen wir zu dir!" Jahwe kleidet seine Heils- und Begleitzusage gegenüber den treulosen Kindern des Hauses Israel in die Worte: „Meine Huld wird nie von dir weichen und der Bund des Friedens nicht wanken." (Vers 10) Auf Jahwe ist Verlass, ihm kann Israel vorbehaltlos trauen wie Kinder ihren Eltern. Vor ihm bedarf es keiner Ausreden und Lügen, jedes Beschönigen und Verharmlosen ist ihm abhold, denn vor ihm darf der Mensch so sein, wie er ist und was er ist: fragiler und zugleich ernsthaft bemühter Mensch, der auch in der Untreue weiß, in Gott einem liebenden Vater und einer verständnisvollen Mutter zu begegnen.

Zu Jes 55,1-11

Welch wunderbarer Vergleich aus der Natur wird vom Propheten Jesaja auf das „Wort des lebendigen Gottes" und dessen Wirksamkeit übertragen! Wie Regen und Schnee nicht folgenlos vom Himmel fallen, so ertönt Gottes machtvolles Wort nicht wirkungslos unter den Menschen. Es versteht sich nicht als magisches, wohl aber als wirkmächtiges Wort, dem Gottes ganze Kraft innewohnt. Was im Wortgottesdienst dieser heiligen Nacht „ohne Bezahlung" (Vers 1) als Wort Gottes verkündet wird, kann - falls man auf dieses Wort horcht und ihm gehorcht - als lebendiges, Leben wirkendes und Leben erhaltendes Wort erfahren werden. „Der Worte sind genug gewechselt, lasst uns nun endlich Taten sehen!" Diese Einsicht und dieser Tatendrang könnten am Ende der Osternachtfeier stehen, wenn jene, die nun gesendet werden, hinausdrängen, um das Gehörte und Geschaute im eigenen Leben Wirklichkeit werden zu lassen. Doch zuvor bedarf es der Stärkung und Orientierung durch Gottes Wort, das uns zu sagen vermag, wo und wie es in unserem Leben langgehen soll. Wo dieses Wort auf fruchtbaren Boden fällt, erweist es sich als Wort von „Geist und Leben". (Joh 6,63)

Zu Bar 3,9-15.34 - 4,4

Wer einmal zu einem Verein oder einer Gemeinschaft gehörte, weiß, dass dieser nur dann effektiv arbeiten und friedlich zusammenwirken kann, wenn Leitlinien einer Satzung das Innenleben regeln. Menschliches, friedvolles Zusammenleben bedarf der Regulierung, damit die Rechte eines jeden geschützt und die Pflichten eines jeden eingefordert werden können. Aus eben diesem Grund gibt Gott den Menschen Gebote, die Zehn Gebote des Dekalogs, das Gebot der Gottes-, Nächsten- und Selbstliebe. Mit ihrer Hilfe will Gott den Menschen zur wahren Freiheit führen.

Es käme ihm nie in den Sinn, Menschen zu gängeln und an der kurzen Leine führen zu wollen. Solche Vorstellungen entspringen menschlichem, nicht göttlichem Denken. Gott will die Freiheit, sogar dann, wenn der Mensch sich in der gottgeschenkten Freiheit von ihm abwenden sollte. Gott ist also fair, ja, er peilt mittels der Gebote ein Ziel an: das

Leben. Wer an seinen Geboten festhält und ihnen einen fixen Platz in seinem Leben einräumt, findet das Leben. Wer sie ablehnt, verfällt dem Tod. „Geh deinen Weg im Glanz des österlichen Lichtes" (Vers 2), dann wirst du auf dem Weg des Lebens wandeln.

Zu Ez 36,16-17a.18-28

Zuweilen sitzt in uns Menschen ein tiefer Wunsch, den wir uns aus zeitlichen, finanziellen oder anderen Erwägungen versagen müssen. Ähnlich einem kleinen Kind, das sich gedanklich etwas ganz Bestimmtes zum Geburtstag ausgesucht hat, eine Menge Geschenke erhält, doch das Gewünschte nicht darunter findet. Von einem Geschenk besonderer Art spricht das Wort des Herrn bei Ezechiel: Von einem neuen Herzen und einem neuen Geist, wodurch das steinerne Herz und der verkrustete Geist ersetzt werden.

Könnte Ostern uns nicht ein großes Stück der Verwirklichung dieser Zusage näher bringen? Da ist ein Gott, der uns aus dem Land der Finsternis und Dunkelheit, der Verlogenheit und Verstrickung herausholen und in sein Land des Friedens und der Gerechtigkeit führen möchte. Wer das reine Wasser (der Taufe) über sich ausgießen lässt, wird nicht nur gereinigt, sondern zu neuem Leben befähigt. Diese Nacht, in der wir unser Taufversprechen erneuern, bringt die Chance, zu neuen Ufern aufzubrechen und uns mit einem neuen Herzen und Geist ausrüsten zu lassen.

Zu Römer 6,3-11

Wer je eines der herrlichen romanisch-gotischen Baptisterien besuchen konnte, wird angesichts der großen Taufbecken in Erstaunen versetzt worden sein. Der Täufling kam zur Feier der Osternacht, um sich ganz und gar ins Wasser eintauchen, um sich „auf den Tod" taufen zu lassen. (Vers 3) Wie er ganz im Wasser versank, so sollte sein bisheriges Leben absinken und sich setzen. Und wie er nach dem Versenkungsbad wieder auftauchte und aufatmete, wie er auf die

Auferstehung getauft wurde, so soll nun ein ganz neuer, von Gott geprägter Lebensabschnitt beginnen. (Vers 4) Die äußeren Handlungen bei der Taufe der Katechumenen in dieser Nacht, dem ursprünglichen, einzigen Tauftermin der frühen Kirche, verweisen uns, die bereits Getauften, auf eine innere Wirklichkeit: Neues, österliches Leben ist in uns angebrochen, das es feierlich zu hegen und zu pflegen gilt, damit der Tod (der Sünde Vers 9) wirklich keine Macht mehr über uns hat. Wo immer Menschen das Taufgeschehen durch ihr Leben ratifizieren, wo sie „für Gott leben in Jesus Christus" (Vers 11), da wird spürbar, dass ewiges Leben nicht erst im Jenseits, sondern bereits mit der Taufe beginnt.

Zu Mk 16,1-7

Zwei Stellen fallen im Markus Text besonders auf: Ausgerechnet drei Frauen machen sich auf den Weg zum Grab Jesu und treffen statt des Leichnams Jesu „einen jungen Mann, der mit einem weißen Gewand bekleidet war", an. (Vers 5) Und die Drei finden nichts anders, denn ein leeres Grab, welches der junge Mann im weißen Gewand ihnen als Auferstehungsbotschaft deutet. Hätten spätestens hier die Frauen nicht konkreter nachhaken müssen? Was sagt schon ein leeres Grab, kann es als Beweis der Auferstehung dienen? Wohl kaum! Es will auch nicht als Beweis dienen, denn die Auferstehung will geglaubt, nicht bewiesen werden.

Vor die gleiche Problematik sind wir bis auf den heutigen Tag gestellt. Wie deuten wir das leere Grab? Als Raub der Jünger, als Freveltat oder als österliche Botschaft Gottes? Ostern stellt jeden, welcher der österlichen Botschaft begegnet, vor die unausweichliche Frage: Wie hälst Du es mit dem leeren Grab? Auf Dauer kann sich kein Hörer dieser Engelsbotschaft vor einer persönlichen Antwort drücken, da Gottes Wort ein scheidendes und entscheidendes Wort ist (Heb 4,12). Wer sich ehrlich auf die Frohbotschaft Gottes einlässt, wer aufgeschlossenen Herzens die Nacht der Nächte mitfeiert, dem wird das leere Grab zum Zeichen der Wirkmacht Gottes:

Hier war einer am Werk, der Größeres als Menschen zu wirken vermag! Wer sich ehrlich auf die Frohbotschaft einläßt, darf in dieser Nacht spüren, dass „eben die Sonne aufging" (Vers 2) - in ihm.

III. Elemente für die Liturgie

Die Liturgie der heiligen Nacht erfordert vom Vorsteher und den Gottesdiensthelfern vollste Konzentration, da die Struktur der Osternachtfeier eine einzige und einmalige ist. Um so wichtiger wäre es, den Gläubigen eine Verstehenshilfe zur Hand zu geben. Diese Aufgabe sollte in dieser Nacht der KO übernehmen. Mit wenigen, prägnanten Worten könnte er/sie in das jeweilige liturgische Element einführen.

Gerade in der Osternacht wird die Abwesenheit des Priesters besonders schmerzlich empfunden, da der Gemeinde in der heiligsten der Nächte die Eucharistie versagt bleibt. Durch die besondere Struktur der Feier ist es jedoch möglich, die Auferstehung des Herrn unter der Leitung eines Diakons oder der örtlichen WGL in modifizierter Form zu begehen. Damit sich die Gläubigen voll, bewusst und tätig in die österliche Liturgie einbringen und möglichst viele aktiv mitfeiern können, sollten speziell in dieser Nacht zahlreiche GDH für ein buntes und lebendiges Bild der Feier Sorge tragen.

1. Zur Wortliturgie

KO: Schwestern und Brüder, ich begrüße Sie herzlich zur Feier der heiligsten aller Nächte, der Osternacht. Heute feiern wir den Triumph des Lebens über den Tod, heute wird uns bewusst, dass Gott auf der Seite des Menschen, auf der Seite des Lebens steht. Wie Israel sich nach dem Durchzug durch das Rote Meer als gerettet erfährt, so erleben wir, dass wir zu neuem, das heißt österlichem Leben mit dem Auferstandenen berufen sind. Die Feier beginnt mit der Wortliturgie in der verdunkelten Kirche. Die biblischen Texte berichten vom Heilshandeln Gottes an seinem Volk. Er, der Israel rettet, verschließt heute die Pforte des Todes und öffnet uns die Tür zum Leben.

Wir begehen diese heilige Nacht ohne unseren Pfarrer. *(Benennung des Grundes)* Um unserer Gemeinde die Feier des wichtigsten Glaubensgeheimnisses zu ermöglichen, haben sich dankenswerterweise unsere WGL der Vorbereitung und Gestaltung der Osternacht angenommen. Wir wollen daher mit der gebotenen Zeit und Würde die Auferstehung des Herrn in der Osternachtsliturgie feiern.

Es folgen die Lesungen, die vom Vorbereitungsteam ausgesucht wurden. Die Antwortgesänge können als Gemeinde-, Schola- und Chorgesänge oder instrumental gestaltet werden.
An Stelle des Gebets könnten die in Teil II (Homiletische Besinnung) angeführten meditativen Gedanken mit kurzer Stille folgen, ehe sich die nächste Lesung anschließt.

2. Zur Lichtfeier

Ko: Aus Finsternis wird Licht, aus Tod wird Leben. Das spüren wir, wenn nach der Segnung des Osterfeuers die neu entzündete Osterkerze in die dunkle Kirche getragen wird und der Lobgesang des Exultet erklingt. Jetzt schafft sich die Freude Bahn, und der Osterjubel läßt sich nicht länger zurückdrängen.

In dieser Nacht wollen wir der Lichtfeier eine besondere Note geben. Mit dem Gottesdienstteam wollen wir zum Osterfeuer ziehen, unsere Kerzen entzünden und sodann *(je nach den lokalen Verhältnissen)* in Prozession um die Kirche (in die Kirche) ziehen. Christus, das Licht geht uns voran. Während der Lichtprozession singen wir den Kehrvers: „Du Licht vom Lichte" (vgl. S. 27).

Nach dem Einzug wird die Osterkerze auf den Osterleuchter gestellt. Ein WGL oder KA stimmt das Exultet an, welchem das Gloria, Tagesgebet, die Lesung aus dem Römerbrief, das Osterhalleluja, das Evangelium und die Homilie folgen.

Die Lichtfeier kann mit dem Lobpreis Christi, des österlichen Lichtes abgeschlossen werden.

Lobpreis Christi, des österlichen Lichtes

Unmittelbar bei der Osterkerze wird ein Bild/Ikone/Statue des Auferstandenen aufgestellt. Dorthin zieht der WGL mit den GDH. Den einzelnen Lobpreisungen kann als Anwortruf (*) folgen:

GL 207: Lumen Christi
GL 232,1: Auferstanden ist der Herr
GL 232,4: Das ist der Tag
GL 233,3: Christus ist erstanden

– Herr Jesus Christus, gestern noch im Grabe gelegen, feiern wir heute Gottes große Tat an Dir, die Auferweckung, und rufen: *
– Herr Jesus Christus, wie kein anderer hast du das Leid erfahren, aber du bist nicht am Leid zerbrochen. *
– Herr Jesus Christus, zwar starbst du am Kreuz, aber das Kreuz konnte dich nicht vernichten. *
– Herr Jesus Christus, du lagst im Grab, aber der Tod konnte dich nicht gefangen halten. *
– Herr Jesus Christus, an dir erweist sich die Kraft des Lebens. *
– Herr Jesus Christus, du leuchtest in dieser Nacht wie ein Licht in der Finsternis. *
– Herr Jesus Christus, wie die Osterkerze am Feuer entzündet wurde, so läßt du uns in dieser Nacht das Licht des Lebens aufleuchten. *

- Herr Jesus Christus, wie die Osterkerze flackert und somit zeigt, dass du lebst, so wollen wir lebendige Zeugen deiner Auferstehung sein. *
- Herr Jesus Christus, wie die Osterkerze wärmt, so soll deine Geborgenheit und Wärme unser Leben berühren. *
- Herr Jesus Christus, wie das Licht dieser Kerze sich im Raum verteilt, so möge deine österliche Botschaft auf allen Kontinenten und in allen Nationen gehört werden. *
- Herr Jesus Christus, der Tod ist vernichtet, das Leben hat gesiegt, es hat fortan einen neuen Namen: Jesus Christus. *

Weitere ähnliche Lobrufe können folgen.

Die Lobpreisungen werden durch ein Lied beschlossen:
GL 220: Das ist der Tag
GL Anhang: Preis dem Todesüberwinder

3. Tauffeier

Wenn ein Diakon die Liturgie leitet, kann nun, nach vorheriger Einführung, die Tauffeier mit der Erneuerung des Taufversprechens, der Spendung der Taufe und der Besprengung mit Taufwasser erfolgen.

KO: Aus Wasser und Heiligem Geist wurden wir einst zum Leben wiedergeboren. Daran erinnert uns die Segnung des Taufwassers und die Erneuerung des Taufversprechens. Unsere besondere Aufmerksamkeit und unsere Gebet gelten besonders N., die/der nun durch das Sakrament der Taufe der Gemeinschaft der Kirche eingegliedert werden.

Fürbitten

Zum Gott des Lebens lasst uns für jene beten, „die in Finsternis sitzen und im Schatten des Todes":
- Für jene Politiker, die sich mehr von Hass und Terror als von Gerechtigkeit und Versöhnung leiten lassen.
  * Herr, lenke ihre Schritte auf den Weg des Friedens!
- Für jene Christen, die ihren Glauben verbissen, verhärtet und unerlöst leben. *

- Für die Kranken und Behinderten, denen der Tod oftmals näher ist als das Leben. *
- Für die Einsamen und Alleinstehenden, die sich nach Gemeinschaft, Geborgenheit und Liebe sehen. *
- Für unsere toten Angehörigen, die im Glauben an die Auferstehung und das ewige Leben die Welt verlassen haben. *

Mit dem Auferstandenen und gestärkt durch seinen Geist preisen wir in dieser heiligen Nacht Gott, den Vater und die Mutter des Lebens. Wir loben und ehren ihn in Ewigkeit. Amen.

4. Zur Kommunionfeier:

Aus wohldurchdachten theologischen Gründen sollte der Kommunionempfang ganzer Gemeinden außerhalb der Messfeier normalerweise unterlassen werden. Es wäre denkbar, bei der wichtigsten liturgischen Feier im Jahreslauf von dieser Regel abzurücken, wenn der Wunsch nach dem Empfang des Herrenleibes besteht. Um zumindest eine symbolische Andeutung der Zusammengehörigkeit von Herrenmahl und Empfang des Herrenleibes vermitteln zu können, sollte das Abendmahlsamt am Gründonnerstag festlich begangen und eine entsprechende Anzahl von Hostien konsekriert werden. Sinnvollerweise sollte die Gemeinde am Karfreitag eucharistisch fasten, und in dieser Nacht mit großer Freude an den Tisch des Herrn hinzutreten. Der Übertragung der heiligen Speise würde das Gebet des Herrn und der Kommunionempfang sowie die Danksagung, der Segen und die Mitteilungen folgen.

KO: Das Fasten hat nun ein Ende. Buße und Versöhnung führen uns wieder vor Gott, der auf uns wartet, um uns zu sättigen. Im heiligen Mahl, das wir jetzt empfangen, reicht sich der Herr des Lebens zur Speise. Gestärkt von ihm und mit ihm dürfen wir Zeugen seiner österlichen Frohbotschaft sein.

Meditation nach der heiligen Kommunion:
Wie die Osterkerze die dunkle Kirche erhellt,
wie sie die Aufmerksamkeit aller an sich zieht,
wie sie Wärme, Licht und Leben ausstrahlt
und uns an deinen österlichen Sieg erinnert,
so strahlst du, Jesus, im Dunkel des Lebens auf,
bist mir Licht und Wärme, Geborgenheit und Leben,
und lässt mich schon jetzt teilhaben
an deinem österlichen Sieg.

Danklied
GL-Anhang: Jesus lebt! Mit ihm auch ich!

Bittgottesdienst

Hinweis: *Bittprozessionen an sogenannten Bittagen lassen sich bis ins 5. Jahrhundert zurückverfolgen. Als traditionelle Bittage gelten der 25. April, der Markustag und die Tage vor Christi Himmelfahrt. Aufgrund von Hungersnöten und Missernten war das Bittgebet inhaltlich meist auf das Wachsen und Gedeihen der Feldfrüchte ausgerichtet. Ende der 70er, Anfang der 80er Jahre wurde versucht, den landwirtschaftlichen Aspekt des Bittgebetes um andere Gebetsintentionen zu erweitern und die Bittage all denen zu erschließen, die keinen direkten Zugang zur Landwirtschaft haben. (Vgl. Karl Schlemmer, Bitt-Tage feiern. Neue Formen und Modelle. Freiburg 1985).*

Dieser Intention schließt sich das vorliegende Gottesdienstmodell an. Es eignet sich sowohl für den Bittgang als auch für einen Bittgottesdienst. Das Gottesdienstmodell versteht sich als Anregung für die eigene Erarbeitung und steht auch zur auszugsweisen Verwendung zur Verfügung. So kann man den unterschiedlichen Anliegen von Stadt- und Landpfarreien gerechter werden.

1. Eröffnungsgesang
GL 282: Lobet und preiset
GL 283: Danket, danket dem Herrn

2. Eröffnungsworte
Der Geber aller Gaben und Spender alles Guten sei mit euch! Mag sich auch mancher über ein Loblied am Anfang eines Bittgottesdienstes wundern, so hat es doch seine Berechtigung. „Not lehrt beten", sagt ein Sprichwort. Arm derjenige, der nur in Zeiten der Not die betenden Hände zu Gott erhebt!

Deshalb wollen wir mit dem Loblied bekunden, dass wir bei allem Bitten und Beten das Danken nie vergessen. Gott, dem wir alles verdanken, sei in dieser Stunde Dank und Lob, Bitte und Gebet dargebracht.

Von den vielen uns bedrängenden Anliegen seien vier zur Sprache gebracht: unsere Sorge um Natur und Landwirtschaft, unser Bangen um unsere Existenz und die Arbeitsplätze, unsere Bitte um den Frieden und unser Gebet für die Kirche.

I. Station: Wir beten für Natur und Landwirtschaft

1. Lied
GL 285: Der Sonnengesang des hl Franziskus

2. Lesung
Mt 6,25-34: Die falsche und die rechte Sorge

3. Kurz-Homilie
Weder Familien noch Singles können es sich leisten, sorglos in den Tag hineinzuleben. Gerade heute, wo von jedem volle Arbeitskraft und Leistung gefordert wird, wäre Sorglosigkeit fehl am Platz und würde rasch zum Verlust des Arbeitsplatzes führen. Um mit Hilfe des Einkommens ein geregeltes Auskommen zu haben, bedarf es der Vorsorge. Der Matthäus Text wendet sich nicht gegen menschliches Vorsorgen, sondern gegen falsch gesetzte Prioritäten. Vom Gläubigen wird zunächst erwartet, dass all sein Sorgen dem Reich Gottes und der Gerechtigkeit gilt, anders gesagt, dass Gott die Mitte und das Zentrum seines Lebens einnehme. Wer dieses Fundament legt, kann auf ihm aufbauen und relativiert damit viele überflüssige Sorgen. Theresia von Avila versteht Matthäus wohl recht, wenn sie sagt: „Nichts soll dich verwirren, nichts erschrecken. Alles geht vorbei, Gott allein

bleibt derselbe. Die Geduld erreicht alles. Wer Gott hat, dem fehlt nichts: Gott allein genügt."

4. Fürbittgebet *(unter den einzelnen Bitten kann ausgewählt werden)*
Im Vertrauen auf Gottes Hilfe und Beistand, auf Gottes Vorsorge für uns Menschen beten wir:
- Für alle, die in der Landwirtschaft beschäftigt sind und die sich ihr Brot mit ihrer Hände Arbeit schwer verdienen müssen:
  * Herr, steh ihnen bei!
- Wenn Wind und Wetter die Arbeit unserer Landwirte erschweren: *
- Wenn die Industriegesellschaft die Landwirtschaft immer mehr verdrängt: *
- Wenn die landwirtschaftlichen Betriebe ums Überleben kämpfen: *
- Wenn Niedrigpreise bäuerliche Existenzen gefährden: *
- Wenn Bürokratie die Entfaltung in der Landwirtschaft hemmt: *
- Wenn Kleinbauern der Agrarindustrie weichen müssen: *

5. Lied
GL 295: Wer nur den lieben Gott

6. Fürbittgebet *(unter den einzelnen Bitten kann ausgewählt werden)*
Zu Gott, unserem Herrn, der die Erde erschaffen hat, bitten wir:
- Für alle, an die Gottes Wort ergeht: „Seid fruchtbar und vermehrt euch, bevölkert die Erde, unterwerft sie euch" (Gen 1,28):
  * Herr, bewahre sie!
- Jene, die sich um Gerechtigkeit, Frieden und Bewahrung der Schöpfung einsetzen: *
- Jene, die mit gutem Beispiel vorangehen und in ihrem Wirkungskreis Umweltschutz üben: *

- Jene, die in den Elementen der Schöpfung ihre Schwestern und Brüder erkennen können: *
- Jene, die sich als Herrscher über die Schöpfung gebärden: * Herr, bekehre sie!
- Jene, die Wirtschaftsinteressen über die Sorgen der Umwelt stellen: *
- Jene, die die Erde ausbeuten und plündern: *
- Jene, die die Existenz kommender Generationen gefährden: *

7. Vater unser
Zum Vater, der alles geschaffen hat, Himmel und Erde, die sichtbare und die unsichtbare Welt, laßt uns beten: VATER UNSER

8. Lied
GL 259: Erfreue dich Himmel

II. Station: Wir beten für die Arbeitswelt

1. Lied
GL 667: Die helle Sonn
GL 615: Alles meinem Gott

2. Lesung
2 Thess 3,6-12: Mahnung zur Arbeit

3. Kurz-Homilie
Faulenzer gibt es zu allen Zeiten. Sie leben auf Kosten anderer, sie missbrauchen die Hilfsbereitschaft und das Mitleid anderer und gehen regelmäßiger Arbeit aus dem Weg. Sie verwechseln das soziale Netz mit einer Hängematte, in der sich gut schaukeln lässt. Faulenzer dürfen jedoch nicht mit arbeitslosen Menschen verwechselt oder gar identifiziert werden, mit den Millionen arbeitssuchender Mitmenschen, die wegen Rationalisierungsmaßnahmen entweder in den

vorzeitigen Ruhestand geschickt werden oder ihres Arbeitsplatzes verlustig gehen. Arbeit und Leistung streicheln nicht nur das Selbstbewusstsein des Menschen, sie dienen der Existenz und verdienen daher unser aller Aufmerksamkeit.

4. Fürbittgebet *(unter den einzelnen Bitten kann ausgewählt werden)*
Wer sich zu Gott aufmacht, wird nie zurückgestoßen. Gott hört des Menschen Nöte und steht ihm bei:
– Wir beten für die Millionen Arbeitslosen in aller Welt, die den Rationalisierungsmaßnahmen zum Opfer gefallen sind:
   * Herr, wende ihre Not!
– Wir beten für alle, die bei der Suche nach Arbeit mutlos geworden sind: *
– Wir beten für die Familienmitglieder, die unter der Arbeitslosigkeit leiden: *
– Wir beten für alle, die umschulen und einen neuen Beruf erlernen müssen: *
– Wir beten für die jungen Menschen, die einen Ausbildungsplatz suchen: *
– Wir beten für die älteren Menschen, die mit dem Übergang von der Arbeitswelt in den Ruhestand nicht fertig werden: *
– Wir beten für alle Arbeitgeber, die unter dem internationalen Konkurrenzkampf stöhnen: *
– Wir beten für alle, die neue Arbeitsplätze schaffen: *
– Wir beten für die Klein- und Mittelbetriebe, die ums Überleben kämpfen: *
– Wir beten für die Gewerkschafter, die die Interessen der Arbeiter vertreten: *
– Wir beten für die Beamten und Angestellten, die unser Land verwalten: *
– Wir beten für die Regierenden, die mit ihrer Politik Zielvorgaben leisten: *

– Wir beten um ein gutes Klima zwischen Arbeitgebern, Arbeitnehmern, Gewerkschaftern und Politikern: *

5. Vater unser
Mit allen, die sich um genügend Arbeit und Arbeitsplätze mühen, beten wir: VATER UNSER

6. Lied
GL 294: Was Gott tut

III. Station: Wir beten um das Geschenk des Friedens

1. Lied
GL 307: O ewger Gott
GL-Anhang: Gib uns Frieden jeden Tag

2. Lesung
Psalm 29: Der Herr segne sein Volk mit Frieden

3. Kurz-Homilie
Wissend, daß der Friede Geschenk und leicht zerbrechlich ist, betet die Kirche in jeder Messfeier um die Gabe des Friedens. Ihn erhofft und erbittet sie von demjenigen, der sich den Seinen am Abend des Ostertages mit den Worten zeigt: „Der Friede sei mit euch!" Wenn einer der Menschheit Frieden schenken kann, dann derjenige, bei dessen Geburt die Engel verkündeten: „Ehre sei Gott und Friede den Menschen!" Deshalb ziemt es sich, die Bitte um den Frieden mit dem Dank an den Friedensgeber zu paaren, wie es auch der Psalmist tut.

4. Lied
GL 267, 1-4: Nun danket all

5. Fürbittgebet *(unter den einzelnen Bitten kann ausgewählt werden)*

Im Vertrauen auf die Verheißung des Herrn, „Frieden hinterlasse ich euch, meinen Frieden gebe ich euch", rufen wir:

- Für alle, die um des Friedens willen ihr Leben gaben:
  * O Herr, schenk deinem Volk den Frieden!
- Für die Regierenden der Weltmächte und jener Nationen, die über Atomwaffen verfügen: *
- Für die Soldaten, deren Einsatz der Friedensicherung dient: *
- Für die Frauen und Männer, denen das Wohl und Wehe der Völker anvertraut ist: *
- Für alle Mitglieder der Vereinten Nationen und für die Mitglieder des UN-Sicherheitsrates: *
- Für jene, die auf Hass und Terror setzen: *
- Für alle, die meinen, ihre Ziele mit Brutalität erreichen zu können: *
- Für jene, die mit Horrorvideos die Saat der Gewalt aussäen: *
- Für alle Völker, die momentan unter Krieg, Terror und Bürgerkrieg leiden: *
- Für die zivilen Opfer der Kriege: *
- Für die Toten, die die Kriege fordern: *

6. Vater unser

Zu Gott, der uns die Gnade der Umkehr und des Friedens schenkt, lasst uns beten: VATER UNSER

7. Lied

GL 310: Verleih uns Frieden

IV. Station: Wir beten für das pilgernde Volk Gottes

1. Lied
GL 639,3-5: Die Kirche ist erbauet

2. Lesung
1 Kor 1,10-17: Mahnung zur Einheit

3. Kurz-Homilie
„Es wurde mir nämlich, meine Schwestern und Brüder, berichtet, dass es Zank und Streit unter euch gibt. Ich meine damit, dass jeder von euch etwas anderes sagt: Ich halte zum Papst in Rom und ich zu Hans Küng, ich halte zu Bischof Krenn von St. Pölten und ich zu Eugen Drewermann, ich halte zu Kardinal Meisner und ich zu Prof. Greinacher. Ist denn Christus zerteilt? Wurde Krenn für euch gekreuzigt? Oder seid ihr auf den Namen Drewermann getauft?"

Diese aktualisierten Worte sollen uns zeigen, worum es in der Kirche geht: um Jesus, den Christus. Wie der Altar im Presbyterium nimmt er die Mitte und das Herz seiner Kirche ein - sonst nichts und niemand.

4. Fürbittgebet *(unter den einzelnen Bitten kann ausgewählt werden)*
Herr Jesus Christus, durch dich bitten wir bei Gott, unserem Vater, für das pilgernde Volk Gottes:
- Unseren Papst N., unseren Diözesanbischof und alle Frauen und Männer im Dienste der Seelsorge:
  * Dein Geist führe sie!
- Die Ordensfrauen und -männer, die ein beschauliches Leben führen: *
- Die Theologiestudenten, die sich auf einen Beruf in der Kirche vorbereiten: *
- Die Professoren, Regenten und Spirituale, die im Dienst der theologischen Wissenschaft und Ausbildung stehen: *

- Die jungen Menschen, die ihren Platz in der Kirche suchen: *
- Die Frauen und Männer, die zu anderen christlichen Kirchen gehören: *
- Die Reformwilligen und die ewigen Bremser: *
- Die Künstler, die sich kirchlicher Kunst in Malerei und Plastik verschrieben haben: *
- Die Kirchenmusiker, die ihr Können und ihre Stimme ganz in den Dienst einer würdigen Liturgie stellen: *
- Die Gottesdiensthelfer, die zu einer lebendigen Liturgie beitragen: *
- Die Liturgiekreise, die sich um die Feiern des Glaubens bemühen: *

5. Vater unser
Mit allen, die im Dienst Gottes stehen und sich zu ihm bekennen, beten wir: VATER UNSER

6. Lied
GL 642: Eine große Stadt

V. Abschluss

1. Gebet
Herr, unser Gott, von den vielen Anliegen, die uns bewegen und die wir mit auf den Weg genommen haben, haben wir einige beim Namen genannt, andere tragen wir still in unseren Herzen. Du hörst nicht nur unsere Worte, vielmehr blickst Du in unser Herz und weißt, wie uns zumute ist. Lass uns mit unseren Sorgen nicht allein, sondern steh uns bei und gewähre, was uns zum Heile dient. Wenngleich wir zuweilen hartnäckig zu Dir rufen, gilt auch für uns das Wort Deines Sohnes: „Nicht mein, sondern Dein Wille geschehe!" Lass uns jedoch nicht nur beim Beten stehenbleiben, sondern hilf uns, selbst aktiv zu werden und der Not Abhilfe zu

schaffen, wo immer dies in unseren Kräften steht. Dazu schenke uns Mut und Kraft und eine unerschöpfliche Phantasie, vor allem aber Deinen Segen.

2. Segen

Und so segne euch/uns, und alle Menschen, für die wir gebetet haben, der gütige und barmherzige Gott, der Vater + und der Sohn + und der Heilige + Geist. Amen.

3. Dank- und Schlusslied

GL 257,5.9.10.11: Dich, Gott Vater

„Beherzigt was der Heilige Geist sagt"
Pfingsten

Hinweis: *Gemeinden, die am Pfingstfest die Feier des Herren-mahles entbehren müssen, dürfen der Kraft und Macht des Gottesgeistes im Wort der Heiligen Schrift begegnen. Deshalb sollen sie dem Gottesdienst dieses Tages auch bei der Abwesenheit des Priesters durch die Mitwirkung verschiedener GDH, der Lektoren, der Schola, des Chores, des Orchesters oder einer Instrumentalgruppe ein festliches Gepräge verleihen.*

Vor dem Ambo (evtl. vor dem Altarkreuz oder vor dem Altar, je nach den lokalen Platzverhältnissen) steht eine große, leere Vase. Das Gottesdienstteam zieht mit allen GDH über das Hauptportal in die Kirche. Der WGL trägt das Evangeliar mit sich, alle übrigen halten eine Blume (Rose, Pfingstrose) in der Hand. Nach der Kniebeuge stecken sie nacheinander die Rosen in die Vase, so dass sich daraus ein schöner, bunter Strauß ergibt.

1. Eröffnungslied
GL 248, 1-5: Nun bitten wir den Heiligen Geist

2. Eröffnungsworte
Der Herr, der uns heute am Pfingstfest um sein Wort versammelt und mit seinem Geist beschenkt, sei mit uns allen!
Mit den Blumen, die wir eingangs in Händen hielten, haben wir einen schönen Strauß geformt. Er will zum Schmuck des Ambo (Kreuzes, ...) dienen, er will die Würde und die Kraft des Gotteswortes unterstreichen, er will die Buntheit der Kirche, die heute Geburtstag feiert, andeuten. Eine Blume wollen wir nachträglich hinzufügen, eine Blume als Symbol für den fehlenden Priester. Der Strauß der Kirche wird mit der Blume des Pfarrers vollständiger und bunter. *(Ein GDH fügt noch eine Blume hinzu.)*

3. Kyrie-Rufe

Herr Jesus Christus, du Blume Gottes,

– Blumen brauchen täglich frisches Wasser. Wir aber meinen vielfach, mit dem alten und abgestandenem Wasser unser Glaubensleben nähren zu können. Herr erbarme dich unser.

– Rosen müssen eingeschnitten werden, um länger zu blühen. Wir aber jammern gerne, wenn uns etwas schmerzt und einschneidet. Christus, erbarme dich unser.

– Blumen brauchen Dünger, um nicht sogleich zu verwelken. Wir aber meinen oft, unser Glaube könne ohne Nahrungszufuhr auskommen. Herr erbarme dich unser.

4. Vergebungsbitte

Der Herr verzeihe uns alle Geistlosigkeit und Gottvergessenheit. Er schenke uns zum Pfingstfest die Gabe der Freude und des Friedens, die er im heutigen Evangelium den Seinen gewährt, und mache uns zu Boten seiner Freude und seines Friedens, zu blühenden Boten von Glaube, Hoffnung und Liebe. Amen.

5. Friedensgruß

Der pfingstliche Friede Jesu sei mit uns und allen Menschen guten Willens! *(Die Gläubigen tauschen den Friedensgruß)*

6. Gebet

Gott, voll Freude feiern wir heute die Herabkunft des Heiligen Geistes und das Geburtsfest deiner Kirche, der du allzeit deinen Beistand zugesagt hast. Hilf deiner Kirche, sich immer wieder aus der Kraft diese Geistes zu erneuern, und gib ihr die Courage, zur Weitergabe des Glaubens mutig und zielstrebig neue, auch ungewohnte Wege zu gehen, um deine Botschaft zu hören, zu leben und zu bezeugen. Darum bitten wir durch Christus, unseren Herrn.

7. Hinführung zur ersten Lesung (Apg 2,1-11)

Alle, ausnahmslos alle, lassen sich von Gottes Geist ergreifen und beflügeln. Sie stellen sich ganz in Gottes Dienst der Verkündigung und Bezeugung der Frohbotschaft. Ihr Engagement ist ein totales - dank der Kraft und Macht des Geistes, dessen Wirkung sich auch heute keiner entziehen kann.

8. Antwortpsalm

GL 253: Sende aus deinen Geist
GL 254: Der Geist des Herrn erfüllet sie
GL 741: Freut euch, wir sind Gottes Volk

9. Hinführung zur Zweiten Lesung (1 Kor 12,3b-7.12-13)

Kirche wird dann lebendig und attraktiv, wenn viele ihre von Gott gegebenen Talente entdecken, wahrnehmen und einsetzen. Talente bilden das Salz im „Suppentopf Kirche", sie machen Kirche charmant. Würde jeder mit seinem Charisma arbeiten und wuchern, stünde es weitaus besser um Gottes heiliges Volk.

10. Sequenz

GL 241: Komm, Heiliger Geist
GL 242: Komm, allgewaltig heilger Hauch

11. Ruf vor dem Evangelium

GL 530,2: Halleluja mit Vers aus dem Lektionar

12. Hinführung zum Evangelium (Joh 20,19-23)

Keine vage Ankündigung, sondern eine definitive Zusage kommt aus dem Munde des Meisters: „Empfangt den Heiligen Geist!" Um ihn empfangen zu können, bedarf es zweier Voraussetzungen: Des Willens, von Gottes Geist erfasst zu werden, und des Glaubens, dass dieser Geist zu handeln und zu wandeln vermag: Wo diese Voraussetzungen gegeben sind, kann der Tröstergeist sein Werk der Freude und des Friedens auch heute fortsetzen.

13. Hinführung zur Predigt

In nicht wenigen Regionen war es bis zur Liturgiereform üblich, an Sonn- und Festtagen der Predigt ein Heilig-Geist-Lied vorausgehen zu lassen. Dieser sinnvolle Brauch könnte nach vorheriger Ankündigung und Erklärung durchaus wiederbelebt werden als Bitte um Gottes Geist für den Prediger, als Bitte um Gottes Geist für die Umsetzung der Frohbotschaft in das Leben des Alltags.

GL 245: Komm, Schöpfer Geist

14. Predigtentwurf

Auf die Stimme des Geistes hören

Die Botschaft der Pisaner Domkanzel

Wer an Pisa denkt, hat zumeist den Schiefen Turm vor Augen, den schrägen, vom Einsturz gefährdeten romanischen Campanile, dem jüngst ein stützendes Eisenkorsett verpasst werden musste. Auf dem „Platz der Wunder" steht jedoch nicht nur der berühmte Turm, sondern auch das nicht minder bekannte Baptisterium und der Dom. In seiner Mitte erhebt sich die berühmte Kanzel des Meisters Giovanni Pisano; sie ist mit zahlreichen Reliefs verziert. Dieses Kunstwerk entstand zwischen 1302 und 1311. Es gilt als die reichste und späteste der vier Kanzeln des Meisters, die alle in der Toscana zu bewundern sind (Pisa: Dom, Baptisterium; Pistoia: San Andrea; Siena: Dom). Die Kanzel ruht auf 10 Säulen. Die Mittelsäule bilden drei ineinander fließende Frauengestalten, Symbolfiguren für Glaube, Hoffnung und Liebe. Von den neun Außensäulen sind vier als menschliche Figuren gestaltet: Herkules, Michael und Christus. Die vierte Säule ist besonders interessant gearbeitet: als Frau im wallenden Gewand mit einer Krone auf dem Haupt. Sie trägt zwei Kinder auf ihren Händen, die beide an der Mutterbrust saugen. Ihr Haupt neigt sich um 90° nach rechts, einer flügelschlagenden Taube entgegen, die der Frau ins Ohr flüstert.

Es handelt sich um eine symbolische Darstellung der Ecclesia, der Kirche.

„Mutter Kirche" wirkt durch das noble Gewand und die edle Krone auf den Betrachter wie eine „grand dame" von vornehmer Herkunft. Die beiden Säuglinge in ihren Händen repräsentieren die Kinder der Kirche. Sie fühlen sich nahe bei der Mutter wohl; sie nähren sich an der Mutter Brust, an der Brust des biblischen Wortes Gottes und des eucharistischen Kelches. Seit beinahe 2000 Jahren bilden diese beiden Brüste, Wort und Sakrament, die Hauptnahrung der Kinder der Kirche. Das der Taube zugeneigte Ohr der Mutter Kirche hört auf das, was Gottes Geist sie lehrt und ihr eingibt. So ist sie zugleich Nährende und Genährte, Gebende und Empfangende.

Das Geheimnis der Kirche
Bewusst oder unbewusst - Giovanni Pisano hat mit der Kanzelfigur eines der Geheimnisse der Kirche in Stein gemeißelt, ein Geheimnis, das uns teilweise abhanden gekommen ist. Zwar nährt Frau Kirche auch heute ihre Kinder mit dem Wort der Schrift und dem Brot des Lebens, doch kann man sich des Eindrucks nicht erwehren, als hörte sie heutzutage lieber auf die Stimme gewisser Theologen und römischer Kurialbeamter denn auf die Stimme des Geistes.

Man fragt sich unwillkürlich: Hat Mutter Kirche ein kalter Luftzug ereilt, der bei ihr Genickstarre auslöste, so dass sie daran gehindert ist, sich dem Gottesgeist zuzuwenden und zu hören, was dieser der Kirche von heute sagen möchte? Fürchtet sie sich etwa vor dem mutigen und freien Wort des Geistes? Ängstigt und sorgt sie sich, dass der Geist ihr neue und ungewohnte Wege weisen könnte? Solche Ängste wären verständlich, löst doch Neues und Ungewohntes zumeist Beklemmung und Befürchtung aus.

Zuwendung zum Tröstergeist

Gerade am Geburtsfest der Kirche muss es erlaubt sein, fest-
zustellen, dass ein angstfreies und vorbehaltloses Zuwenden
der Kirche zum Tröstergeist ein Gebot der Stunde ist. Die
Kirche muss wieder ganz „Ohr" werden. Es wäre billig und
einseitig, solche Hin-wendung allein von den Verantwortungsträgern der Kirche zu erwarten und einzufordern. Ein
jeder, auch der Normalchrist, kann seinen nicht unerheblichen Beitrag leisten, indem er die „Salbe des Gebetes" auf
den steif gewordenen „Kirchenhals" aufträgt, hoffend und
betend, dass dies ein Lösen der Starre zur Folge haben wird.
Wenn sich hierzu mehr meditative Stille im Raum der Kirche
gesellt, bietet dies eine günstige Voraussetzung, um im Lärm
und in der Hektik unserer Tage, um im Aktionismus, dem
nicht wenige Gemeinden und ihre Leiter verfallen sind,
wieder die Stimme des Geistes vernehmen zu können. Gebet
und Stille bilden ein scharfes Kontrastprogramm zu mo-
dischem Kirchengejammer. Letzteres wird zwar angesichts
der derzeitigen Krisensituation verständlich, leitet aber von
sich aus noch keinen Heilungsprozess in die Wege.
Schließlich wäre ein drittes vonnöten. Alle Kinder der Kirche
(„oben" wie „unten") müssten den eigenen Hals wieder in
Richtung Tröstergeist drehen, fragend, was dieser von ihnen
augenblicklich erwartet. Welch ein Knacken ginge durch die
heiligen Hallen der Kirche, begännen alle die Hälse zu
recken und zu drehen. Endlich könnte man einmal Positives
von den Wendehälsen berichten!
Frau Kirches Hals kann durch das Auftragen der Gebetssalbe,
das Auflegen des Stilleschals und das Erheben des eigenen
Halses wieder gelenkig und beweglich werden. Die Muskel-
verspannungen lassen sich lösen, die Heilungschancen stehen nicht schlecht. Hin-wendung der Kirche zum Geist und
Zu-wendung des Geistes zur Kirche werden bewirken, dass
Gottes Beistand wieder deutlich vernommen werden kann.
Dann kann Gottes Geist wieder wehen, wo er will, wann er
will und wie er will.

15. Glaubensbekenntnis:

GL 356 oder 2,5

16. Fürbitten

Um Gottes lebendigen und bewegenden Geist für Kirche und Welt lasst uns beten:

– Wo Menschen sich von deinem Geist beseelen lassen, verströmen sie den Duft deiner Güte und Liebe. Schenke deinen Geist den Verantwortungsträgern in der Kirche, damit sie die Menschen mit dem Duft deiner Frohbotschaft betören.

* Belebe sie durch deinen Geist!

– Wo Menschen sich von deinem Geist beseelen lassen, fangen sie an zu blühen. Schenke deinen Geist den Mandatsträgern in Politik und Wirtschaft, damit sie für einen gerechten Ausgleich zwischen arm und reich, Nord und Süd Sorge tragen und somit die südliche Erdhälfte zum Blühen bringen. *

– Wo Menschen sich von deinem Geist beseelen lassen, fangen sie an zu wachsen. Schenke deinen Geist allen, die klein sind an Hoffnung und Vertrauen, an Zuneigung und Zärtlichkeit, damit die Liebe in ihnen wachsen und reifen kann. *

– Wo Menschen sich von deinem Geist beseelen lassen, fangen sie an zu leben. Schenke deinen Geist unseren verstorbenen Verwandten und Freunden, damit sie in der Kraft dieses Geistes zu neuem Leben erstehen. *

Durch Christus, die Sonne aller Sonnen, und in der Kraft des Heiligen Geistes preisen wir den Vater im Himmel in Ewigkeit. Amen.

17. Gemeindelied

GL-Anhang: Gib uns Frieden jeden Tag

18. Heilig-Geist-Litanei

Herr, erbarme dich. Christus, erbarme dich. Herr, erbarme dich.

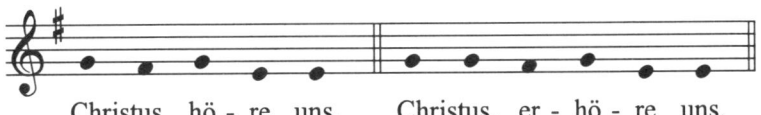

Christus, hö - re uns.   Christus, er - hö - re uns.

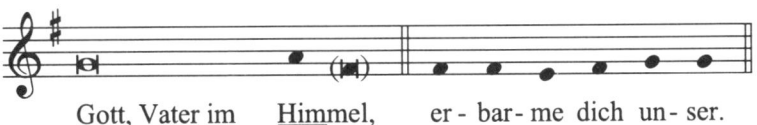

Gott, Vater im   Himmel,   er - bar- me dich un- ser.

Gott Sohn, Erlöser der Welt,
Gott, Heiliger Geist,
Heiliger dreifaltiger Gott,

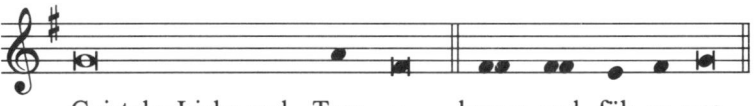

Geist der Liebe und   Treu - e,   komm und füh- re uns.

Geist des Friedens und der Versöhnung,
Geist des Humors und der Freude,
Geist der Offenheit und der Fairness,
Geist der Toleranz und Achtung,

Geist, den uns Gottes Sohn verheißt, wir bitten dich, belebe uns.

Geist, der uns neue Wege weist,
Geist, der Verhärtetes aufbricht,
Geist, der uns neuen Mut zuspricht,
Geist, der uns stets Kraft zusagt,
Geist, der immer Neues wagt,

Geist, der alles Leben schenkt,
Geist, der unser Denken lenkt,
Geist, der uns zu Geschwistern macht,
Geist, der uns die Lieb entfacht,
Geist, der niemals stehen bleibt,
Geist, der uns zu Taten treibt,
Geist, der beflügelt und ergreift,
Geist, der auf alte Zöpfe pfeift,

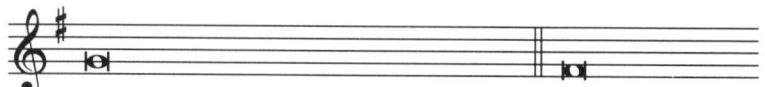

Für den Papst, die Bischöfe und Priester,   lasset zum Herrn

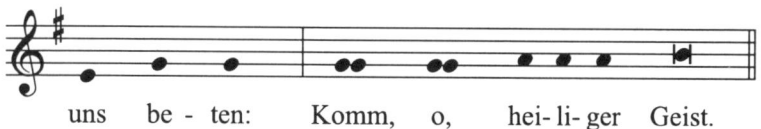

uns be - ten: Komm, o,   hei- li- ger Geist.

Für die Politiker in allen Völkern, Ländern und Gemeinden,
Für die Manager in Industrie und Wirtschaft,
Für die reichen Länder des Nordens und die armen des
Südens,

Für die Kinder, die alles haben,
Für die Kinder, die sich selbst überlassen sind,
Für die Kinder, die täglich ums Überleben kämpfen,
Für die Kinder, die misshandelt und missbraucht werden,

Für die nach Sinn suchenden jungen Menschen,
Für die jungen Menschen, die auf deine Stimme hören,
Für die Jugendlichen ohne Beschäftigung,
Für die Jugendlichen, die zu Gewalt neigen,
Für die in Liebe Verbundenen,
Für die in der Liebe Gescheiterten,
Für die Einsamen und Alleinstehenden,

Für die von Hoffnungslosigkeit Erfüllten,
Für die körperlich und geistig Behinderten,
Für die von Krebs und Aids Gezeichneten,
Für die an Leib und Seele Erkrankten,

Für die Arbeitslosen und Entlassenen,
Für die Alten und Gebrechlichen,
Für die Verunglückten und Vermissten,
Für die Trauernden und Toten,

Sende aus deinen Geist, und das Antlitz der Erde wird neu.

Gebet
Lasset uns beten. Phantasiereicher, erfrischender Gott, wo
Dein Geist weht, geschieht Gewaltiges, Revolutionäres und
Neues. Öffne uns für Deinen Geist, damit er uns von Grund
auf umkehrt und erneuert und wir in der Kraft dieses Geistes
neue Wege in Kirche und Welt beschreiten. Darum bitten wir,
durch Christus, unseren Herrn. Amen.

19. Vater unser
Wir preisen den Vater, der uns immer wieder mit seinem
Heiligen Geist überrascht, und rufen zu ihm: VATER UNSER

20. Meditation
Zahlreich, bunt und lebendig.
So soll die Kirche sein:
Wie dieser Blumenstrauß am (Altar, Kreuz ...).

Stattdessen präsentiert sich die Kirche
mit hängenden Köpfen,
mit welken, trockenen Blättern,
mit abgestandenem Wasser,
ohne Dünger.

Gieße den Dünger des Geistes
in die Vase der Kirche.
Lass frisches Wasser in sie fließen.
Und schneide ihre Blumen ein,
damit sie sich zu neuem Leben erheben.

21. Danklied
GL 249,1-4: Der Geist des Herrn
GL 637,1-3: Laßt uns loben

22. Schlussgebet
Getreuer Gott, wir danken dir für dein stärkendes und ermutigendes Wort, in dem du uns aufs Neue die Macht und Kraft
deines Geistes zusagst. Wir bitten dich: Lass uns als Geist-
ergriffene und Geistbeseelte leben, bereit, allen Menschen
guten Willens Rechenschaft von der Hoffnung zu geben, die
uns erfüllt. Darum bitten wir durch Christus, unseren Herrn.

23. Mitteilungen

24. Segen
(Messbuch, Feierlicher Schlusssegen von Pfingsten, S. 546 f)

25. Entlassungsruf
Gehen wir gestärkt mit Gottes Geist!
Dank sei Gott, dem Herrn!

26. Auszug
Postludium: Nicolaus Bruhns, „Präludium in e"

Lobpreis des Dreieinen

Hinweis: Drei GDH tragen beim Einzug eine Glasschale mit Wasser, eine Kerze und das Chrisam-Öl. Sie stellen die Gegenstände nach der Kniebeuge auf dem Altar ab. Die Kerze wird an der Osterkerze entzündet.

1. Einzug
Präludium: Hermann Schroeder, „Allegro moderato"

2. Eröffnungsgesang
GL 265: Nun lobet Gott

3. Eröffnung
Die Gnade unseres Herrn Jesus Christus, die Liebe Gottes, der uns Vater und Mutter ist, und die Kraft des Heiligen Geistes sei mit euch/uns!

Ein Gott in drei Personen - wer kann dies Geheimnis erfassen? Es ist und bleibt Geheimnis, das sich dem Menschen nur teilweise enthüllt. Jesus Christus hat uns die frohe Kunde gebracht, dass Gott uns erschaffen, erlöst und geheiligt hat - eine gute Nachricht, die uns zu einem Leben aus dem Glauben verpflichtet.

4. Gebet
Gott, du zeigst uns Menschen dein dreifaches Gesicht. Im Vater preisen wir den Schöpfer des Himmels und der Erde, der Pflanzen, Tiere und Menschen. Im Sohn rühmen wir den Bruder, der Menschengestalt annahm, in allem uns gleich wurde, die Sünde ausgenommen. Im Heiligen Geist loben wir den Beistand, der vom Vater ausgeht, uns mit seinem Wehen erfasst und uns an all das erinnert, was der Vater im Sohn für uns getan hat. Gott, du zeigst uns Menschen dein dreifaches Gesicht. Im Vater bist du uns Schöpfer, im Sohn bist du uns Leben, im Heiligen Geist bist du uns Liebe. Lass uns dieses

Geheimnis immer mehr erfassen und die Menschen durch unser Leben auf dich aufmerksam machen. Amen.

5. Lesung
Röm 5, 1-5: Die Hoffnung der Glaubenden

6. Antwortgesang
GL 677: Preist den dreifaltigen Gott

7. Meditation
Der L weist mit seinen Händen auf das Wasser, die Kerze und das Öl und spricht:

Wasser - Zeichen des Lebens, Zeichen der Hoffnung, Hinweis auf den Schöpfergott, der das Wasser geschaffen hat. Wie kein menschliches, pflanzliches und tierisches Leben ohne Wasser auf dem Planeten Erde vorstellbar ist, so kann sich der Christ kein Leben ohne Gott, dem er sich verdankt, vorstellen. Ohne Wasser und Gott können wir uns nur eines vorstellen: Tod.

meditative Orgelmusik: Hermann Schroeder, „Adagio"

Licht - Zeichen des Lebens, Zeichen der Hoffnung, Zeichen für Wärme und Geborgenheit. Ohne Licht, ohne Elektrizität, würde das Alltagsleben auf dem Planeten Erde schnell zum Stillstand kommen. Christus bringt uns Gottes Licht, Gottes Wärme und Geborgenheit. Ohne Licht und Christus können wir uns nur eines vorstellen: Finsternis.

meditative Orgelmusik: Hermann Schroeder, „Piu mosso"

Chrisam-Öl - Zeichen des Lebens, Zeichen der Hoffnung, Zeichen für Wärme und Geborgenheit, Zeichen für Kraft und Phantasie. Ohne Öl käme unsere Wirtschaft rasch zum Erliegen. Gott salbt uns mit dem Öl zu seinen Geistträgern, zu seinen Boten. Ohne Öl und Heiligen Geist können wir uns nur eines vorstellen: Chaos.

meditative Orgelmusik: Hermann Schroeder, „Adagio", Nr. 9 *währenddessen ziehen die GDB zum Altar*

8. Glaubensbekenntnis
Im Credo wollen wir uns zum einen und dreieinen Gott bekennen.
GL 356

9. Lobgesang
GL 266: Nun danket alle Gott

10. VATER UNSER
Durch Christus und im Heiligen Geist wenden wir uns an Gott und beten: VATER UNSER

11. Segen
Gott, der allmächtige Vater, segne euch/uns und behüte euch/uns; er schenke euch/uns seine Freude. Amen.
Der Sohn Gottes, unser Herr Jesus Christus, bleibe euch/uns nahe und stärke euch/uns alle Tage eures/unseres Lebens. Amen.
Der Heilige Geist wohne in euren/unseren Herzen und entzünde in euch/uns das Feuer seiner Liebe. Amen.
Das gewähre euch/uns der allmächtige Gott, der Vater + und der Sohn + und der Heilige + Geist. Amen.

12. Danklied
GL 257 1,5,10: Großer Gott, wir loben dich

13. Auszug
Postludium: Hermann Schroeder, „Allegro energico"

Erntedank: Früchte der Erde

Hinweis: *Auf dem Altar steht eine Schale mit Weizenkörnern und ein Korb mit Baguette-Scheiben.*

1. Einzug
Präludium: Joseph Rheinberger, „Fugetta contraria", op. 132,2

2. Eröffnungsgesang
GL 183: Wer leben will

3. Eröffnung
Erntedank - Gott sei Dank! Fast nichts anderes nehmen wir selbstverständlicher zur Kenntnis als den gedeckten Esstisch. Und doch stellt sich das, was uns „normal" scheint, anderen Völkern als täglicher Überlebenskampf dar. Verknüpfen wir daher zwei wichtige Anliegen miteinander: Den Dank an Gott und die Bitte für alle, die um das Lebensnotwendige ringen.

4. Gebet
Gott. Dein Sohn Jesus Christus ist das Weizenkorn, das für uns starb. Wir leben aus seinem Tod. Nimm von uns die Angst, für andere verbraucht zu werden. Hilf uns, einander Gutes zu tun, damit wir nicht vergeblich leben, sondern Frucht bringen in Jesus Christus, der in der Einheit des Heiligen Geistes mit dir lebt und herrscht in alle Ewigkeit. Amen.

5. Lesung
Joh 12, 23-26: Das Weizenkorn

6. Antwortgesang
GL 483: Wir rühmen dich

7. Meditation

Wie schön ist es, dem Herrn zu danken.
(Dieser Vers kann vom Volk wiederholt werden.)

Für die Bäume mit ihren Blüten und ihrem Grün,
für die Blumen mit ihren Farben und ihrer Pracht.
Wie schön ist es, dem Herrn zu danken.

Für die Tiere, wild und zahm,
für die Berge und Täler, majestätisch und weit.
Wie schön ist es, dem Herrn zu danken.

Für die Sonne, strahlend und heiß,
für den Mond, leuchtend und hell.
Wie schön ist es, dem Herrn zu danken.

Für das Brot, das dem Menschen Nahrung gibt,
und für den Wein, der sein Herz erfreut.
Wie schön ist es, dem Herrn zu danken.

Für die Menschen, schön und geschunden,
                      gesund und krank,
                      anerkannt und verachtet.
Wie schön ist es, dem Herrn zu danken.

Für den Menschen, der mich liebt,
                      der zu mir steht und mich versteht,
                      der mit mir den Weg des Lebens geht,
                      der mir gibt.
Wie schön ist es, dem Herrn zu danken.

Stille
oder:
Instrumentalmusik: Joseph Rheinberger, „Cantilene F-Dur",
op. 148,2

8. Dankgebet
GL 788, 3 (Dankgebet zum Erntedankfest)

9. Prozession
Alle GDB sind nun eingeladen, zum Altar zu ziehen und sich um den Altar aufzustellen. Währendessen wird das Lied gesungen:
GL 620: Das Weizenkorn

10. Brotsegnung
Herr, unser Gott, Schöpfer der Welt, wir danken dir für das Brot, die Frucht der Erde und der menschlichen Arbeit. Dein Sohn hat Brot gesegnet und es Hungrigen zum Essen gegeben. Am Abend vor seinem Leiden gab er sich selbst im Zeichen des Brotes seinen Jüngern zur Speise.

In seinem Namen bitten wir dich, segne + dieses Brot. Stille unseren Hunger und stärke uns. Hilf uns, dass wir nicht nur an uns selbst denken, sondern bereit sind, anderen zu helfen und brüderlich zu teilen. Lass uns in der Gemeinschaft mit allen Menschen deine Vatergüte preisen, jetzt und in alle Ewigkeit, Amen.

11. Agape
Alle teilen das Brot und essen es. Es ist genügend vorhanden, so daß die GDB auch den Kranken ein Stück Brot mitbringen können.

12. VATER UNSER
Zu Gott, der uns täglich Nahrung schenkt und der uns zum Teilen mit den Hungernden aufruft, beten wir: VATER UNSER

13. Segen
Der barmherzige Gott gibt uns in seiner Güte, was wir zum täglichen Leben brauchen.

Er ruft uns in Christus auf, mit den Hungernden und Dürstenden zu teilen.

Er verleiht uns im Heiligen Geist Phantasie, dem Elend in der Welt abzuhelfen.

Dazu segne euch/uns der allmächtige Gott, der Vater + und der Sohn + und der Heilige + Geist. Amen.

14. Danklied
GL 262: Nun singt ein neues Lied

Frucht des Weinstocks

Hinweis: *Das folgende Gottesdienstmodell eignet sich anlässlich eines Pfarrfestes, an den Gedenktagen der Weinheiligen Johannes (27.12), Urban (25.5) oder Kilian (8.7), sowie am Erntedankfest.*

1. Einzug
Präludium: Ernst Pepping, „Fröhlich soll mein Herze springen"
Die GDH führen beim Einzug Weintrauben und einige Weinflaschen mit, welche auf dem Altar abgestellt werden.

2. Eröffnungsgesang
GL 277: Singet, danket unserm Gott

3. Gebet
Allmächtiger Gott, wir glauben und bekennen, dass unser Herr Jesus Christus für uns gestorben und auferstanden ist. Erwecke auch uns durch die Kraft des Heiligen Geistes zum neuen Leben. Darum bitten wir durch ihn, der in der Einheit des Heiligen Geistes mit dir lebt und herrscht in alle Ewigkeit. Amen.

4. Lesung
Sir 31, 22-31: Vom rechten Weingenuss

5. Antwortgesang
GL 744: Wie groß sind deine Werke, Herr

6. Meditation
Während des Lesens spielt der/die Organist/in dezent ein meditatives Orgelstück, das auch noch einige Minuten in der Stille nach der Meditation nachklingt. (Johann Pachelbel, „Allein zu dir, Herr Jesu Christ")
Brot,
Brot der Hungernden,

Brot der Satten und Übersättigten,
Brot für das Leben der Welt,
kostbares Brot,
(eucharistisches Brot).

Wein,
Wein der Dürstenden,
Wein der Freude,
Wein der Freundschaft,
Wein, der alle Weine übertrifft,
köstlicher Wein,
(eucharistischer Wein).

Du Brot des Lebens,
Du Wein der Unsterblichkeit,
Du Zeichen von Gottes unendlicher Güte.

7. Prozession
Alle GDB sind nun eingeladen, zum Altar zu ziehen und sich um den Altar aufzustellen. Währendessen wird das Lied gesungen:
GL 480,1: Wir weihn der Erde Gaben

8. Fürbitten
Lasst uns in Liebe jener gedenken, die mit dem Leben schwer-lich zurechtkommen:
– Für unsere Schwestern und Brüder, die tagtäglich ums Überleben kämpfen, und für jene, die täglich verhungern und verdursten.
Stille
– Für unsere Schwesten und Brüder, die an unheilbaren Krankeiten leiden, und für jene, die dem Tod nahestehen.
Stille
– Für unsere Schwestern und Brüder, die gefoltert und gequält werden, und für jene, die ermordet oder hinge-richtet werden.
Stille

– Für unsere Schwestern und Brüder, die Brot und Wein in Fülle haben, deren Seele jedoch hungert und dürstet.

Stille

Für sie alle rufen wir zum Vater und zur Mutter aller Lebenden: VATER UNSER

9. Weinsegnung

Herr, unser Gott, du schenkst uns den Wein als Frucht der Erde und der menschlichen Arbeit. Dein Sohn Jesus Christus hat den Wein erwählt als Zeichen des neuen Bundes in seinem Blute.

Segen + diesen Wein und diese Trauben. Wenn wir die Trauben essen und den Wein trinken, dann lass uns erfahren, dass du der Gott bist, der die Herzen der Menschen froh macht und Gemeinschaft stiftet. Darum bitten wir durch Christus, unseren Herrn, Amen.

Wein und Trauben können mit Weihwasser besprengt werden.

10. Danklied

GL: 268: Singt dem Herrn ein neues Lied

11. Agape

Die Kinder bekommen Weintrauben, die Erwachsenen ein Gläschen Wein.

12. Segen

Gott, der uns den Wein als Zeichen der Freundschaft, der Gemeinschaft und Freude schenkt, segne euch/uns und erfülle euch/uns mit seiner Liebe, Amen.

Das gewähre euch/uns der gütige Gott, der Vater + und der Sohn + und der Heilige + Geist. Amen.

13. Postludium

Nicolas Bruhns, „Präludium in g"

Sonntägliche Wort-Gottes-Feier

Hinweis: *Immer wieder sind Gemeinden* **unvorhersehbar** *mit der Abwesenheit des Priesters konfrontiert. Vielfach stehen zu diesem Zeitpunkt keine ausgebildeten WGL zur Verfügung, die notfalls einspringen könnten. In diesem Fall heißt es, auf die GDH zurückzugreifen und ihnen die Gottesdienstleitung anzuvertrauen. Da meist wenig Zeit zur Vorbereitung eines solchen Gottesdienstes bleibt, ist in diesem Notfall „erste Hilfe" angesagt. Als solche versteht sich das folgende Modell einer sonntäglichen Wort-Gottes-Feier.*

1. Einzug
Der WGL zieht mit den GDH in die Kirche ein. Kniebeuge, Einnahme der Plätze. Der Priestersitz bleibt frei; so wird schon optisch deutlich, dass der Priester nicht anwesend ist.
Orgelspiel - Präludium: Ernst Pepping: „Gelobt sei Gott im höchsten Thron"

2. Eröffnungsgesang
– GL 520: Liebster Jesu, wir sind hier
– GL 642: Eine große Stadt ersteht

3. Begrüßung
WGL beginnt mit dem Kreuzzeichen: Unser Herr Jesus Christus sei mit der Fülle seiner Gnade und seines Segens mit uns allen. A: Und mit deinem Geiste!

Wir sind der Einladung Jesu gefolgt und haben uns am Sonntag in unserer Pfarrkirche versammelt, um Gottes aufbauendes Wort zu hören und sein Lob zu singen. Leider kann heute unser Pfarrer nicht mit uns die hl. Messe feiern, da ... (*Begründung, z. B. da er plötzlich erkrankt ist*). Wir wollen im Gebet an ihn denken. Die Bischöfe bitten uns, auch dann zum Lobe Gottes zusammenzukommen, wenn kein Priester die liturgische Feier leiten kann (*Liturgiekonstitution, Art. 35,4*).

Wir wollen miteinander bitten und danken und dem Wort Gottes unsere Ohren und Herzen öffnen. Ist doch Jesus auch dann gegenwärtig, „wenn die Heiligen Schriften in den Kirchen verkündet werden" *(Liturgiekonstitution, Art. 7)* und wo immer „zwei oder drei in seinem Namen versammelt sind" (Mt 18,20). Wir wissen uns verbunden mit unseren Nachbarpfarreien im Dekanat, mit den Gemeinden unserer Diözese und der ganzen Welt, in denen heute Eucharistie gefeiert wird. Sammeln wir uns am Beginn, um aufmerksam und aufnahmebereit an dieser Wort-Gottes-Feier teilnehmen zu können.

4. Bußakt
Schuldbekenntnis:
GL 353,4: Ich bekenne
GL 353,3: Erbarme dich, Herr, unser Gott

5. Kyrie-Rufe
Herr Jesus Christus,
– Du fleischgewordenes Wort Gottes:
  Herr, erbarme dich unser.
– Du lebendiges Wort Gottes:
  Christus, erbarme dich unser.
– Du wirksames Wort Gottes:
  Herr, erbarme dich unser.

6. Gebet
Gott, unser Vater. Wir sind als deine Gemeinde versammelt und rufen dich an: Öffne unser Ohr, damit wir hören und verstehen, was du uns heute sagen willst. Gib uns ein gläubiges Herz, damit unser Beten dir gefällt, und unser Leben vor dir bestehen kann. Darum bitten wir durch Christus, unseren Herrn.
oder:
Gott. Dein Wort bringt Licht und Freude in die Welt. Es macht das Leben reich, es stiftet Frieden und Versöhnung. Gib, dass wir es nicht achtlos überhören. Mach uns aufnah-

mebereit. Bringe dein Wort in uns zu hundertfältiger Frucht. Darum bitten wir durch Christus unseren Herrn.

7. Lesung
Es empfiehlt sich, die biblischen Sonntagslesungen zu verwenden (Erste und Zweite Lesung, Evangelium).

8. Antwortgesang
GL 750,1: Herr, du hast Worte des ewigen Lebens
GL 741,1: Freut euch, wir sind Gottes Volk

9. Predigtentwurf
Liebe Brüder und Schwestern, liebe Kinder, aus den erwähnten Gründen ist uns heute die sonntägliche Messfeier mit unserm Pfarrer versagt. Dennoch sind wir zum Gottesdienst versammelt. Dürfen wir das überhaupt, so mag sich mancher kritisch fragen? Gemäß den Weisungen des Zweiten Vatikanischen Konzils und der Würzburger Synode sollen wir auch in solchen Notfällen die liturgische Versammlung nicht unterlassen. Weil es immer häufiger zu solch unvorhergesehenen Notfällen kommt, hat die römische Gottesdienstkongregation 1988 entsprechende Direktiven erlassen, nach denen auch diese Wort-Gottes-Feier aufgebaut ist.

Wir kommen ohne unseren Pfarrer zusammen, weil wir auch in der momentanen Notlage am Herrentag als Gemeinde Jesu Christi das Lob des Vaters und des Sohnes und des Heiligen Geistes singen und beten wollen. Und wir kommen im Bewusstsein zusammen, dass Christus in unserer Mitte weilt, hat er doch seine Gegenwart den Zweien, Dreien oder Vielen zugesagt, die sich in seinem Namen versammeln. Gerade in dieser Feier dürfen wir ihn als den erleben, der in seinem Wort anwesend ist und zu uns spricht. Das lehren bereits die Konzilsbischöfe, wenn sie uns auffordern, mit dem Wort Gottes genauso sorgfältig wie mit der Eucharistie umzugehen, und wenn sie uns daran erinnern, dass wir am Herrentag nicht nur mit dem eucharistischen Brot, sondern mit dem gebrochenen, verlesenen und ausgeteilten Wort des lebendigen Gottes zu einem Leben aus dem Glauben genährt werden. Dieses Wort, so die Bischöfe, sei uns „Glaubensstärke, Seelenspeise und reiner, unversieglicher Quell des geistlichen Lebens" *(Offenbarungskonstitution, Art.21)*. Vielleicht ist uns dies in der Vergangenheit nie so bewusst geworden, vielleicht haben wir manchmal unkonzentriert oder oberflächlich sein Wort gehört.

Heute steht dieses Wort im Zentrum unseres Gottesdienstes. Die Kirche sagt von diesem Wort, es sei ein lebendiges, kein totes Wort, es sei ein wirksames Wort, das bewirkt, was Gott will, und all das erreicht, wozu Gott es aussagt (vgl. Jes 55,10f). Sie sagt weiter, dieses Wort sei ein kraftvolles Wort, dem die Dynamik Gottes innewohne es sei ein scheidendes und entscheidendes, schließlich ein richtendes Wort, weil es den Hörer in eine Entscheidungssituation führt, nämlich vor die Frage, ob er diesem Wort folgt oder nicht, ob er diesem Wort glaubt oder nicht.

Das alttestamentliche Buch Deuteronomium übertreibt daher nicht, wenn es das Hören und Befolgen des Gotteswortes mit Leben, das Nicht-Hören und Nicht-Befolgen mit dem Tod in eins setzt (vgl. Dtn 30,10-20; Dtn 32,47). Lasst uns Gottes Wort dankbar annehmen und ihm antworten mit einem von Herzen kommendem: „Ja, Herr, ich glaube!"

10. Glaubensbekenntnis
GL 2,5 oder 356

11. Fürbitten
Herr Jesus Christus, du bist Gottes unwiderrufliches Wort der Liebe zum Menschen. Zu dir, dem Wort des Lebens, kommen wir mit unseren Anliegen:
– Dein Wort ist ein wirksames Wort: Lass es in den Christen bewirken, was es aussagt.
  * Du Wort des Lebens, heilige sie.

– Dein Wort ist ein lebendiges Wort: Lass es den Hungernden und Dürstenden Kraft und Leben sein. *
– Dein Wort ist ein tröstendes Wort: Lass es den Trauernden und Kranken Trost und Stärke sein. *
– Dein Wort ist ein ermutigendes Wort: Lass es den Ängstlichen und Verzagten Antrieb und Hilfe sein. *
– Dein Wort ist ein ewiges Wort: Lass es den Toten nicht zu Gericht und Verdammnis, sondern zum Segen und Heil werden. *

Wer dein Wort hört und danach handelt, gleicht einem klugen Mann, der sein Haus auf Felsen baut. Dich, den einen und dreieinen Gott, preisen wir mit unseren Worten, heute und in Ewigkeit. Amen.

12. Lob- und Dankgebet

Wir haben Gottes Wort vernommen und mit dem Glaubensbekenntnis geantwortet. Wir haben unsere Bitten vor Gott getragen und uns ihm anvertraut. Nun wollen wir ihn loben und ihm danken, weil wir ihm so viel Gutes verdanken.

GL 723,3: Preiset den Herrn *mit Versen aus Psalm 34* (beten oder singen)
GL 285,1: Höchster, allmächtiger, guter Herr (V/A)
GL 781,1.6.7: Andacht zu Jesus Christus

13. VATER UNSER

Lasst uns das Gebet aller Gebete sprechen, das uns der Herr selbst aufgetragen und gelehrt hat: VATER UNSER

14. Segensbitte

Gott. Du bist uns Vater und Mutter und hast uns als deine Kinder angenommen. Du hast uns in dieser Feier dein Wort geschenkt und gibst uns dieses Wort mit auf den Weg in die Familien und in den Alltag, an den Arbeitsplatz und in die kommende Woche. Hilf uns, nach deinem Wort zu leben und es glaubhaft zu bezeugen. Dazu segne uns Gott der Vater + und der Sohn + und der Heilige + Geist. Amen.

15. Mitteilungen

16. Schlussgesang
GL 671,1.5.6: Lobet den Herren

17. Auszug
Postludium: Martin Seidl, „Pathétique et pleine de joie"

Jesus Christus - unser Schlüssel

Hinweis: *Die GDB warten mit dem WGL vor der verschlossenen Kirchentüre. Der WGL klopft dreimal an die Kirchentüre und singt dazu den Ruf:* „Hebt euch ihr Tore" (GL 122/1). *Das Volk wiederholt. Ein GDH öffnet von innen nach dem Anklopfen die Türe.*

1. Eingangslied
während des Einzugs in die Kirche:
Psalm 24: GL 122

2. Kyrierufe
Wenn wir vor verschlossenen Türen stehen:
Herr, erbarme Dich.
Wenn wir uns Türen nicht öffnen trauen:
Christus, erbarme Dich.
Wenn wir unsere Türen für unsere Mitmenschen versperren:
Herr, erbarme Dich.

3. Geschichte zur Einstimmung
Ein König stellte für einen wichtigen Posten den Hofstaat auf die Probe. Kräftige und weise Männer umstanden ihn in großer Menge. „Ihr weisen Männer", sprach der König, „ich habe ein Problem, und ich möchte sehen, wer von euch in der Lage ist, dieses Problem zu lösen."
Er führte die Anwesenden zu einem riesengroßen Türschloss, so groß, wie es keiner je gesehen hatte. Der König erklärte: „Hier seht ihr das größte und schwerste Schloss, das es je gab. Wer von euch ist in der Lage, das Schloss zu öffnen?"
Ein Teil der Höflinge schüttelte nur verneinend den Kopf. Einige, die zu den Weisen zählten, schauten sich das Schloss näher an, meinten aber, es nicht öffnen zu können.
Als die Weisen dies gesagt hatten, war sich auch der Rest des Hofstaates einig, dieses Problem sei zu schwer, als dass sie es lösen könnten. Schließlich ging ein kaum beachteter Königsbeamter an das Schloss heran. Er untersuchte es mit Blicken

und Fingern, versuchte, es auf die verschiedensten Weisen zu bewegen, und zog schließlich mit einem Ruck daran. Und siehe, das Schloss öffnete sich. Es war nur angelehnt gewesen, nicht ganz zugeschnappt, und es bedurfte nichts weiter als des Mutes und der Bereitschaft, dies zu begreifen und beherzt zu handeln.

Der König sprach: „Du wirst die Stelle am Hof erhalten, denn du verlässt dich nicht nur auf das, was du siehst oder was du hörst, sondern setzt selber deine Kraft ein und wagst die Probe."

4. Lied
- Alle Knospen springen auf
- GL 107,1+4: Macht hoch die Tür

5. Lesung
Joh. 20, 19-23: Die Beauftragung der Jünger

6. Meditation
Wie oft suchen wir einen Schlüssel!
Einen Schlüssel für große und kleine Türen,
für große und kleine Probleme.
Schlüssel für Häuser, Schlüssel zu Herzen.
Schlüssel zueinander und füreinander.
Schlüssel zum Glück und zu Gott.

Schlüssel gehen leicht verloren.
Schlüssel werden verlegt und vergessen.
Doch nicht jedes Schloss ist deshalb für immer verschlossen.

Herr, lass uns die Schlüssel zu dir und zu uns im Auge behalten. Lass uns erkennen, welche Schlüssel die richtigen sind.
Viele Menschen meinen, ihren Lebensschlüssel verloren zu haben.
Lass uns den Mut haben und die Probe wagen, ihnen beim Suchen, beim Öffnen zu helfen.

Jesus, du brauchst keine Schlüssel,
du kamst bei verschlossenen Türen zu deinen Jüngern.
Du kanntest keine Barrieren, keine Schranken,
denn du selbst bist der Schlüssel.
Der Schlüssel, der die Schranke des Todes überwand.

Herr, bestärke uns in der Hoffnung,
dass auch wir die Schranken überwinden.
Sei du unser Schlüssel.

7. Fürbitten

Zu Jesus Christus, unserem Herrn, der uns immer wieder
verschlossene Türen öffnet, wollen wir bitten:
- Für alle, die verbittert und verhärtet sind und ihre Tore
  und Türen fest verschlossen halten:
  * Christus, öffne sie.
- Für alle, die schüchtern und zurückhaltend sind und sich
  nicht vor die Tore und Türen trauen: *
- Für alle, die vergessen haben, dass durch offene Tore und
  Türen Licht und Sonne in die Dunkelheit eindringen
  kann:*
- Für alle, die die Schlüssel zu ihrem Ich verlegt haben und
  nicht mehr zu sich selbst finden können: *
- Für alle, die dich als Schlüssel vergessen oder verlegt
  haben: *
- Für alle, die vor dem letzen großen Tor, der Türe zur
  Ewigkeit stehen: *

Stille

8. Lied

GL 257, 7+11: Großer Gott, wir loben dich
GL-Anhang: Jesus lebt! Mit ihm auch ich!

9. Vater unser

Jesus, du bist für uns durch dein Leben und deine
Auferstehung zum Schlüssel für das ewige Leben, zum

Schlüssel für Glaube, Hoffnung und Liebe geworden. Mit dir wollen wir nun gemeinsam zum Vater beten: VATER UNSER

10. Schlussgebet

Barmherziger Gott, wir haben dein Wort und deine Botschaft gehört. Lass uns erkennen, dass wir durch dich viele Tore öffnen können, denn du bist uns Schlüssel zueinander und füreinander, du bist der Schlüssel zu Herzen, zum Glauben, zur Hoffnung und zur Liebe. Darum bitten wir durch Christus, unseren Herrn.

11. Segen

Es segne euch/uns und alle Menschen, der allmächtige Gott, der Vater + und der + Sohn und der Heilige + Geist. Amen.

12. Schlusslied

GL 282: Lobet und preiset ihr Völker
GL 283: Danket, danket dem Herrn

„Tor des Glaubens - Tor des Lebens"
Ikonengottesdienst

Hinweis: *„Nicht nur vom Brot allein lebt der Mensch" und die Feier der Liturgie, sondern auch von dem in den biblischen Texten Gehörten und mit den Augen im Kirchenraum Geschauten. Selbst der Geruchsinn wird mittels Weihrauch angesprochen. Anders gesagt: Liturgie ist ein ganzheitliches Geschehen, das den Menschen umfassend anspricht. Im vorliegenden Gottesdienstmodell wird beim Einzug eine Christus-Ikone mitgetragen, auf dem Altar abgestellt und beräuchert. Die Ikone unterstreicht die in der byzantinischen Theologie vorherrschende Auffassung: Hier ist Christus wirklich gegenwärtig!*

1. Einzug mit Ikone
Die Ikone wird auf den Altar gestellt und inzensiert. Währenddessen Orgelmusik: Sigfrid Karg-Elert, „Freu dich sehr, o meine Seele", op. 65 Nr. 5

2. Eröffnungsgesang
GL 564: Christus-Rufe

3. Lobpreis des Herrn
GL 781 - 781,1: Andacht zu Jesus Christus

4. Gebet
Ewiger Gott, Dein Sohn hat unser Leben geteilt, hat Freude erfahren und Leid ertragen - wie wir. Gib, dass wir in guten und in bösen Tagen mit ihm verbunden bleiben. Darum bitten wir, durch Christus, unseren Herrn.

5. Lesung
Röm 8, 18-39: Hoffnung und Gewissheit

6. Antwortgesang
GL 694: Jesus Christus ist der Herr

7. Predigtentwurf

Seit den Tagen der Apostel bewegt die Menschen die Frage: Wer war, wer ist Jesus Christus? Wenngleich diese Frage in unseren Tagen immer seltener gestellt wird, ist es doch die bleibende Aufgabe der Christen, das Jesus-Gedenken in den Menschen wach zu halten.

Viele Ungetaufte und nicht wenige Getaufte sehen Jesus als einen vorbildlichen Menschen, einen Heiligen, einen Propheten oder einen Superstar, wie ein Musicaltitel besagt. Er wird als deutliches Exempel für ein Leben ohne Hass und Streit, ohne Neid und Egoismus angeführt. So weit, so gut. Doch greift solche Einschätzung deutlich zu kurz. Wenn er nur ein heiliger und vorbildlicher Mensch war, was unterscheidet ihn dann von anderen Heiligen und Idolen?

Die Lesung aus dem Römerbrief legt eine verfolgenswerte Spur offen, wenn sie sagt: „Christus Jesus, der gestorben ist, mehr noch, der auferweckt wurde, sitzt zur Rechten Gottes und tritt für uns ein." (Röm 8,34) Dieser Jesus ist Gottes Sohn. Ihn hat Gott „nicht verschont, sondern für uns alle hingegeben." (Röm 8,32)

Jesus ist Gottes Sohn, Mittler zwischen Gott und den Menschen. Er tritt bei Gott seit seiner Himmelfahrt für den Menschen wie ein Anwalt für seine Klienten ein. In ihm zeigt sich Gottes Zuwendung zum Menschen. Er gibt dem fragenden Menschen, wie der Samariterin am Jakobsbrunnen, Antwort auf die großen und bedrängenden Fragen menschlichen Lebens; gleichzeitig dürfen wir ihn als des Menschen Antwort auf die Liebe Gottes begreifen. Gottes Sohn, Mittler zwischen Gott und Mensch: das sind keine bloßen Theologen-Prädikate, es sind Bekenntnisse.

In Jesus Christus geht Gott selbst in die Geschichte des Menschen ein, damit er dem Menschen auf menschlich begreifliche Weise begegnen kann. In seinem Geschick, in seiner Geschichte begegnet Gott selbst dem Menschen.

Wir fragen uns zurecht, wie dies möglich ist. Es bleibt „mysterium fidei", unergründliches Geheimnis Gottes, der in sich sowohl Göttliches als auch Menschliches zu vereinen mag.

Jesus ist für den gläubigen Menschen derjenige, von dem er sich etwas sagen lassen sollte. Er - und keiner sonst - ist Herr, den Gott bei der Taufe am Jordan und bei der Verklärung am Berg Tabor als seinen geliebten Sohn offenbart. Er ist sowohl des Menschen Freund und Bruder, also Menschensohn, als auch Gottes geliebter und auserwählter Sohn, also Gottessohn. Er ist gestorben und auferstanden, damit allen Menschen die Fülle des Lebens offensteht.

Dieser Jesus geht - wie die Evangelien und Briefe bezeugen - am 14. Nissan, nach heutiger Zeitrechnung am 7. April des Jahres 30 n. Chr., in den Kreuzestod. Den Juden ist dieser Tod ein „empörendes Ärgernis", den Heiden „eine Torheit", für die Berufenen aber, Juden wie Griechen, „Gottes Kraft und Weisheit", wie Paulus im ersten Korintherbrief schreibt. (1 Kor 1,22 f.) Er stirbt in der grausamsten Hinrichtungsart, welche Nicht-Römern und Sklaven vorbehalten ist: der Kreuzigung.

Es mutet seltsam an, dass Jesus das Leid und den Tod ausgerechnet durch persönliches Leid und eigenen Tod besiegen möchte. Hätte er nicht zu einem Gegenmittel greifen müssen? In der Wahl seines Weges erweist sich Jesus als göttlicher Homöopath. Er greift bewusst nicht zu einem Gegenmittel, er greift zu Ähnlichem und heilt des Menschen Leid durch sein Leid, wendet des Menschen Tod durch seinen Tod und macht mit seiner Auferstehung den ersten Schritt zur Auferstehung aller Glaubenden.

Jesus nimmt allem menschlichen Leid, jedem Tod eines Menschen durch sein persönliches Leid und seinen eigenen Tod den Stachel und damit den Sieg. Sein Tod ist kein Scheitern, bringt nicht das Ende, sondern die Wende. Er wählt den Weg des Leides, der Folter und des Todes, um diese grausamen Ereignisse im Leben eines Menschen aufzubrechen, auf Gott hin zu öffnen und der Erlösung zugänglich zu machen.

Ist dieser Jesus, von dem wir sagen, er sei Gottes Sohn und des Menschen Bruder, der wahre Messias „oder müssen wir auf einen anderen warten?" (Mt 11,3) Diese Frage haben bereits die Menschen zu seiner Zeit gestellt. Sie lässt sich für den Glaubenden mit einem eindeutigen JA beantworten. Er will nicht Messias mit politischem Hintergrund sein, er will nicht König über Israel werden, der die Römer aus dem Land vertreibt, sein Ziel ist es, König und Messias in den Herzen der Menschen zu werden.

Während Könige herrschen und mit Hilfe von Ausbeutung, Bestechung, Korruption und Machtmissbrauch ihr Volk in Schach halten, will er den Menschen dienen. Deshalb zeigt er sich am Abend des Paschamahles den Seinen als Dienender, als Füße Waschender, der sich für den Sklavendienst nicht zu schade ist. So ist dem Menschen noch keiner gleich geworden! So hat dem Menschen noch keiner gedient! So hat sich des Menschen noch keiner erbarmt! So hat sich noch keiner zum Menschen niedergebeugt! Wer so handelt, setzt nicht nur eine symbolische Handlung, sondern offenbart sein Inneres.

In der Person Jesu kommt dieser Gott selbst auf die Erde, er spricht durch ihn, wie er zu der Samariterin spricht; er gebietet durch ihn, wie er den Sturm auf dem See bändigt, er wandelt nicht nur auf der Hochzeit zu Kana das Wasser in Wein, er wandelt das Unheil zum Heil, er will dem Guten zum Durchbruch verhelfen. Er wird den Menschen zum Segen.

Jesus und der hinter ihm stehende, sich durch Jesus offenbarende Gott, erweist sich als ein Gott des Lebens. Not, Tod und Vernichtung haben auf Dauer gesehen bei ihm keine Chance. Allen, die ihn zum Tor des eigenen Lebens, zum Tor des persönlichen Glaubens erwählen, hält er LEBEN in einer Qualität offen, die menschliches, rein diesseitiges Leben weit übersteigt. Gott ist ein Gott des Lebens. Wer an ihn glaubt, wer seinem Sohn nachfolgt und sich von seinem Geist leiten lässt, der hat das Leben in Fülle gewählt. (Joh 10,10)

Stille

8. Kerzenopfer
Jeder Gottesdienstbesucher kommt zum Altar, entzündet sein Teelicht an einer Kerze, deren Licht von der Osterkerze kommt, und stellt es vor die Ikone auf den Altar. Die Gläubigen stellen sich um den Altar auf. Dazu wird gesungen:

Sei ge- grüßt,————— Herr Je- sus, wir ru- fen dich!

Dazwischen je zwei Verse aus:
GL 765,2: Jesus Litanei

9. Vater unser
In Christus hat uns Gott das Tor des Glaubens und des Lebens aufgetan. Durch ihn rufen wir zum Vater: VATER UNSER

10. Segen
Aaron-Segen

11. Meditation

Sonne,
heiße und strahlende Sonne,
sprenge die Ketten,
die ich um mein Herz gelegt habe;
schmelze den Eisblock der Kälte,
der mein Herz umgibt,
verbrenne die Schutzwand,
die deine Strahlen nur gefiltert
zu mir dringen lässt.

Sonne,
Jesus, meine Sonne,
durchbohre mein Herz
mit den Strahlen deiner Liebe,
damit ich deine Liebe in mir aufnehmen
und von Herzen erwidern kann.
Jesus, meine Sonne.

12. Schlusslied

GL 560: Gelobt seist du

Öl des Heiles

Hinweis: *Auf dem Altar stehen Ölflaschen (in der Einladung zu diesem Gottesdienst war gebeten worden, Öl mitzubringen), ein Korb mit Weißbrotschnitten und eine leere Schale. Brotkorb und Schale zirkulieren bei der Agape im Kreis. Jeder ist eingeladen, eine Brotschnitte zu nehmen, diese ins Öl einzutauchen und zu essen.*

1. Einzug
Präludium: Hermann Schroeder, „Largo" (8.)

2. Eröffnungsgesang
GL 265: Nun lobet Gott

3. Tagesgebet
Allmächtiger, ewiger Gott, du hast deinen eingeborenen Sohn mit dem Heiligen Geist gesalbt und ihn zum Herrn und Christus gemacht. Uns aber hast du Anteil an seiner Würde geschenkt. Hilf uns, in der Welt Zeugen der Erlösung zu sein. Darum bitten wir durch ihn, Jesus Christus.

4. Lesung
2 Kön 4,1-7: Das Öl der Witwe

5. Antwortgesang
GL 744,2: Psalm 104 mit Kehrvers:

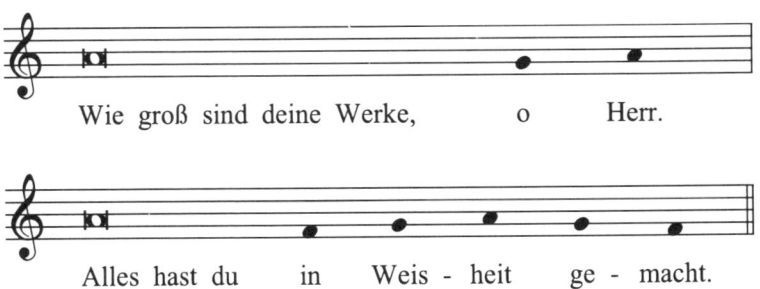

6. Evangelium
Lk 7,36-50: Jesus und die Sünderin

7. Predigtentwurf
Wir übertreiben nicht, wenn wir feststellen: Ohne Öl läuft (fast) nichts. Die großen Maschinen in den Fabrikhallen stünden still, die Autos versagten den Betrieb, die Heizung streikte, und wir säßen frierend in unseren Wohnungen. Wie Öl-abhängig Mensch und Industrie geworden sind, haben wir erstmals bei der großen Ölkrise zu Beginn der siebziger Jahre gespürt. Autofreie Sonntage waren die Folgen unumgehbarer Rationalisierungsmaßnahmen.

Doch wurde die Bedeutung des Öls nicht erst in unserer Zeit entdeckt. Altes und Neues Testament sind voller Öl-Geschichten, wie wir exemplarisch in den beiden biblischen Texten hörten. Öl war seit altersher nicht nur in den Küchen unbedingt notwendig, es diente auch als Heilmittel, als Arznei, und es fand im olympischen Sport der Ringer und Kämpfer Anwendung. Wer sich bei den olympischen Disziplinen mit einem von Öl triefenden Körper präsentierte, bot seinem Gegner eine denkbar schlechte Angriffsfläche.

Die Christen sahen im Öl einerseits ein Heilmittel für die menschlichen Gebrechen, andererseits eine Schutzschicht für die Angriffe des Bösen. Gesalbt mit heiligem Öl sollte es dem Bösen verwehrt sein, den Gläubigen anzugreifen und ins Verderben zu stürzen. So fand das Öl Eingang in die liturgischen Handlungen von Taufe und Firmung, Ordination und Krankensalbung, sowie der Altarweihe.

Heute verwenden wir Öl zum Kochen und Backen. Namhafte Mediziner haben uns die cholesterinsenkende, gesundheitsfördernde Wirkung kalt gepressten Olivenöls in Erinnerung gerufen. Außerdem hat das Öl im Gesundheitssektor (Massageöl, Sonnenschutzöl) einen festen Platz.

122

Neben dem Wein hat das Öl durch jahrtausendealte menschliche Praxis eine beinahe mystische Qualität erworben, so dass wir durchaus vom Öl als Heilszeichen sprechen dürfen.

Stille

8. Meditationstext
Womit sollen wir
das Reich Gottes vergleichen,
mit welchem Gleichnis
sollen wir es beschreiben?

Es gleicht einem umbrischen Olivenbaum:
knorrig steht er schräg am Hang,
sein Äußeres ist eher dürftig.
Doch seine Frucht, das Olivenöl,
dient dem Menschen zu gesunder Speise,
als Arznei und Heilmittel.

Es wird zum Öl des Heiles
und erinnert daran,
daß Gottes Reich
des Menschen Wunden heilt.

9. Orgelmusik
Hermann Schroeder, „Leggero"
Währenddessen stellen sich die GDB im Altarraum auf:

10. Segnung des Öles
Gott, du bist der Vater allen Trostes. Durch deinen Sohn wolltest du die Gebrechen der Kranken heilen und das Leid der Menschen lindern; erhöre das Gebet deiner Gläubigen und sende deinen Heiligen Geist auf dieses Öl herab.
Als Gabe deiner Schöpfung stärkt und belebt es den Leib. Durch deinen Segen + werde es für alle, die es verwenden, ein geweihtes Öl, ein heiliges Zeichen deines Erbarmens, das

Krankheit, Schmerz und Kummer vertreibt, ein Schutz für Leib und Seele und Geist.

Im Namen unseres Herrn Jesus Christus, der mit dir lebt und herrscht in alle Ewigkeit.

Amen.

11. Agape

Der WGL gießt nun Olivenöl in eine Schale, ein GDH nimmt den Brotkorb, ein anderer die Ölschale und reicht sie den GDB zum Eintauchen und Essen.

Dazu wird gesungen: Sei gegrüßt, Herr Jesus, wir rufen dich! (Vgl. S. 119)

12. Fürbitten

Aus Not und Leid wenden wir uns zu Gott und bitten:

– Für alle Völker, die sich durch Krieg und Terror Wunden zufügen, die nur schwer heilen:

  * Heile ihre Wunden, Herr!

– Für die christlichen Kirchen, die noch immer einander argwöhnisch begegnen. *

– Für die Familien und Ehepaare, die sich durch Streit auseinandergelebt und getrennt haben. *

– Für alle, die von unheilbarer Krankheit betroffen und hoffnungslos niedergebeugt sind. *

– Für die Alleinstehenden, die ihren Kummer ohne fremde Hilfe bewältigen müssen. *

– Für alle Randgruppen in unserer Gesellschaft, die von der Mehrheit belächelt und verspottet werden. *

Wir sind gewiss, dass du uns nicht nur hörst, sondern auch erhörst. So preisen und loben wir dich ob deiner Güte mit jenem Gebet, das wir Christus verdanken: VATER UNSER

13. Segen

Gott, der uns im Öl sein Zeichen der Heilung und des Erbarmens schenkt, stärke euch/uns zum Guten im Dienst am Nächsten. Amen.

Das gewähre euch/uns der barmherzige Gott, der Vater +
und der Sohn + und der Heilige + Geist. Amen.

14. Danklied
GL-Anhang: Erde singe

15. Auszug
Postludium: Johann Pachelbel, „Herr Gott, dich loben alle
wir"

Der rote Faden in meinem Leben

Hinweis: *Zu Beginn des Wortgottesdienstes kann quer durch die Bänke ein rotes Wollknäuel gereicht werden, jeder hält ein Stück des Bandes fest, so dass ein Netz entsteht.*

1. Begrüßung

Liebe Mitchristen, wir sind nun alle äußerlich durch dieses rote Band verbunden, wir hier als feiernde Gemeinde sind aber auch durch Christus miteinander verbunden. Deshalb wollen wir in seinem Namen beginnen. Im Namen des Vaters und + des Sohnes + und des Heiligen + Geistes. Amen.

2. Eröffnungslied

Wir spinnen, knüpfen, weben
GL 273: Singt dem Herrn ein neues Lied

3. Kyrierufe

– Herr Jesus Christus, durch dich und mit dir sind wir miteinander verbunden, doch nicht immer leben wir so, dass diese Verbundenheit gestärkt und erneuert wird.
Herr, erbarme dich unser.
– Herr, manchmal durchtrennen wir das Verbindende durch unsere Worte und Taten.
Christus, erbarme dich unser.
– Herr, oft vergessen wir, dass wir mit anderen und dir verbunden sind und leben als Egoisten.
Herr, erbarme dich unser.

4. Vergebungsbitte

Herr und Gott, du bist unser Vater und unsere Mutter; durch dich und mit dir sind wir verbunden, seit du uns durch die Taufe in deine Kinderschar aufgenommen hast. Mit dieser Verbindung hast du uns auch deine Liebe und deinen Trost zugesagt, deshalb bitten wir dich um Vergebung und Verzeihung, wenn wir nicht so gelebt haben, wie es uns das Beispiel Jesu zeigt. Amen.

5. Lesung
Lk 22,14-21: Das Paschamahl

6. Antwortgesang
GL 719: Der Herr ist mein Licht und mein Heil

7. Kurz-Homilie
Wir sind alle durch dieses rote Band verbunden, doch was
verbindet uns außer diesem Wollknäul?

Die Zeit, in der wir leben?
Der Luxus, mit dem wir uns umgeben?
Der Ort, die Stadt, das Land in dem wir wohnen?
Die Luft, die wir atmen, das Wasser, das wir trinken?
Die Erde, auf der wir stehen?

Was verbindet uns?
Der Raum in dem wir sind?
Gottes Haus um uns herum?
Gottes Wort in unserem Ohr?
Gott in unseren Herzen?
Glaube?
Hoffnung?
Liebe?
Was verbindet uns?

Stille

8. Glaubensbekenntnis
Wir sind hier versammelt, weil uns der Glaube an den auferstandenen Christus verbindet. Und diesen Glauben wollen
wir nun gemeinsam bekennen:
GL 356

9. Fürbitten

Jesus, durch dich und deinen Tod sind wir für immer mit deinem Vater verbunden. Durch dich bitten wir Gott, unseren Vater und unsere Mutter, uns den Weg zu weisen, und der rote Faden in unserem Leben zu sein.

Das Wollkäul wird nun wieder aufgewickelt, jeder, der es loslässt, kann eine Fürbitte vortragen.

oder:

Jesus, unser Freund und Bruder, durch dich tragen wir unsere Bitten zu Gott, unserem Vater.

– Für alle, denen es schwer fällt, Verbindung zu anderen Menschen zu haben, die unter Einsamkeit leiden.

   * Herr, steh' ihnen bei.

– Für alle, die Verbindungen abgebrochen haben. *
– Für alle, die nicht wissen was Verbindung bedeutet. *
– Für alle, die die Verbindung mit dir, unserem Gott, gelöst haben. *
– Für alle, mit denen wir auch nach dem Tod verbunden sind. *
– Für alle, mit denen wir in Liebe und im Glauben an deine Wiederkunft verbunden sind. *

10. Vater unser

Alle unsere Bitten lasst uns nun im dem Gebet zusammenfassen, das Jesus seine Jünger gelehrt hat: VATER UNSER

11. Friedensgebet

Alle halten sich an den Händen, vom WGL ausgehend macht ein Händedruck die Runde, das Händehalten wird erst dann beendet, wenn der Händedruck zum WGL zurückkommmt.

Herr, in einer Zeit, in der es soviel Krieg und Hass und Streit gibt, lass uns hier und heute und jetzt mit deinem Frieden anfangen.

128

12. Segen

Der Herr schließt einen Bund mit Abraham.
Der Herr schließt einen Bund mit Noah.
Der Herr schließt einen Bund mit Mose.
Der Herr schließt einen Bund mit seiner Kirche.
Der Herr schließt einen Bund mit uns.
Einen Bund, aus dem Segen für uns alle kommt.

Und diesen Segen, der uns aufs Neue mit Gott und unseren Mitchristen verbindet, gewähre uns der dreieine Gott, der Vater + und der Sohn + und der Heilige + Geist. Amen.

13. Wegbegleitung

Als Wegbegleitung erhalten die Gottesdienstbesucher folgende Geschichte zusammengerollt, mit einem roten Faden umwickelt:
Liebe Gottesdienstbesucher, als Zeichen unserer Verbindung erhalten sie heute eine Wegbegleitung, eine geistige Nahrung für den täglichen Lebensweg. Ein Stück roter Faden, der sie an den heutigen Wortgottesdienst und an die Gemeinschaft mit dieser Gemeinde und Gott erinnern soll, und eine Geschichte, die ihnen die Bedeutung der Verbindung zu unserm Vater im Himmel zeigt.
Eines schönen Morgens glitt eine Spinne von einem Baum am einem festen Faden herab. Unten im Gebüsch baute sie ihr Netz, das sie im Laufe des Tages immer großartiger gestaltete, mit dem sie reiche Beute fing.
Als es Abend geworden war, lief sie ihr Netz noch einmal ab, und es war herrlich. Da entdeckte sie auch wieder den Faden nach oben, den sie über ihrer betriebsamen Geschäftigkeit ganz vergessen hatte. Doch verstand sie nicht mehr, wozu er diente, hielt ihn für überflüssig und biss ihn kurzerhand ab. Sofort fiel das Netz über ihr zusammen, wickelte sich um sie wie ein nasser Lappen und erstickte sie.

14. Schlusslied

GL 304: Zieh an die Macht, du Arm des Herrn

Kleines Senfkorn Hoffnung

Hinweis: *Eine flache Schale mit Erde steht am Altar, daneben eine Schüssel mit Senfkörnern.*

1. Lied
Kleines Senfkorn Hoffnung

2. Begrüßung
Liebe Gottesdienstbesucher, wir haben uns heute hier versammelt, um miteinander im Zeichen der Hoffnung Gottesdienst zu feiern. Hoffnung ist für uns alle etwas Lebensnotwendiges. Wer die Hoffnung verloren hat, hat seinen Lebensquell verloren. Wir Christen dürfen hoffen, hat uns doch Jesus durch sein Leben, Leiden und Sterben die Hoffnung gebracht. Doch wie oft überfällt auch uns die Mutlosigkeit! Wir wollen heute unsere Hoffnung symbolisch zum Ausdruck bringen. Ich darf euch nun bitten, zum Altar herauszukommen. Hier stehen nebeneinander eine Schale mit Erde und eine Schale mit Senfkörnern. Jeder soll einige Senfkörner in die Erde streuen. Als Zeichen für unsere Hoffnung, als Zeichen, dass Gott uns nicht vergisst, als Zeichen, dass er unsere Schwächen verzeiht.

Nach den einzelnen Versen singen wir gemeinsam den Ruf:

*Maranata,____ O komm, Herr Jesus, und erbarme dich unser.

Herr, nimm unsere Körner als Zeichen der Liebe zu Dir und zu unserer Erde. *
Herr, nimm unsere Körner als Zeichen der Hoffnung auf neues Wachsen und Werden. *
Herr, nimm unsere Körner als Zeichen der Zuversicht für die Zukunft. *

Herr, nimm unsere Körner als Zeichen der Hingabe. *
Herr, nimm unsere Körner als Zeichen des Glaubens an dich.*
Herr, nimm unsere Körner als Zeichen der Verbindung zwischen uns Menschen und deiner Schöpfung.*
Herr, nimm unsere Körner als Zeichen der Angst, der Mutlosigkeit und der Trauer, die uns manchmal gefangen hält. *
Herr, nimm unsere Körner als Zeichen dafür, dass wir wissen, dass du bei uns bist. *
Herr, nimm unsere Körner als Zeichen dafür, dass wir wissen, dass du die Quelle unserer Hoffnung bist. *

Wenn alle die Senfkörner in die Erde gestreut haben, stellen sie sich im Kreis um den Altar und beten, sich an den Händen haltend, das

3. Vater unser
Im gemeinsamen Glauben an Gott, der uns hier zusammengeführt hat, der auch uns wachsen und reifen lässt, beten wir: VATER UNSER

4. Lied
GL 183: Wer leben will wie Gott
GL 620: Das Weizenkorn muß sterben

5. Lesung
Mt 13, 31-32: Gleichnis vom Senfkorn

6. Orgelmeditation
Herrmann Schroeder, „Allegretto"

7. Predigtgedanken
Ein ganz winziges Senfkorn haben wir vorhin in die Schale mit Erde gestreut, ein kleines Korn, das Leben in sich trägt. Leben, das eine wahre Sprengkraft besitzt. Leben, das harte Schalen aufzubrechen vermag. Leben, das mit Nachdruck ans

Tageslicht drängt. Man sieht diesem kleinen Winzling seine Kraft, seinen unbändigen Lebenswillen nicht an.

Und doch ist die Hoffnung spürbar. Der Lebensquell kann aber erst aufbrechen, wenn es in die Erde fällt, Wasser und Licht spürt, es muss zuerst sein Leben verlieren, um Neues hervorzubringen.

Wie oft geht es uns nicht besonders gut. Wir sind festgefahren in unseren Sorgen und Problemen, sind eingehüllt von harten Schalen. Und doch schlummert in jedem von uns ein Senfkorn. Oftmals ist es verschüttet, vergessen, vergraben oder versteckt. Wir müssten es nur ausgraben, suchen, finden und entdecken, damit es in uns zur Sprengkraft wird. Und wir müssen Gewesenes Vergangenheit sein lassen, damit die Gegenwart und die Zukunft Raum in uns gewinnt. Dann kann es in uns und um uns die harten Schalen sprengen, dann kann unser Lebensquell wieder sprudeln. Nicht immer gelingt uns allen das Finden, das Suchen, das Entdecken, doch da sind unsere Freunde, unsere Angehörigen und vor allem unser Freund und Bruder, Jesus Christus, der uns dabei hilft.

Ist es nicht eine ungemein große Hoffnung in unserer Zeit zu wissen, dass jeder Einzelne von uns dieses Senfkorn in sich trägt, dieses Senfkorn, welches das Leben in sich birgt?

8. Glaubensbekenntnis

Bekennen wir gemeinsam unseren Glauben an den dreieinen Gott, der die Quelle der Hoffnung ist.

GL 2,5 oder 356

9. Magnifikat

Maria hat Gott in ihrem Lobgesang ob seiner Größe gepriesen, seine Größe verbirgt sich auch in dem kleinen Senfkorn. Lasst uns nun gemeinsam das Magnifikat beten/singen.

GL 688: Danket dem Herrn

10. Gebet

Gott. Dein Sohn Jesus Christus ist das Weizenkorn, das für uns starb. Wir leben aus seinem Tod. Nimm von uns die Angst, für andere verbraucht zu werden. Hilf uns, einander Gutes zu tun, damit wir nicht vergeblich leben, sondern Frucht bringen durch Jesus Christus, der in der Einheit des Heiligen Geistes mit dir lebt und herrscht in Ewigkeit. Amen.

11. Schlussbesinnung

Gleich einem unscheinbaren Senfkorn
legst du das Leben und den Glauben in mich hinein.

Der Sonnenstrahl deiner Liebe
lässt dieses Korn in mir gedeihen.

Was einst so klein,
wächst wie im Traum
- ich weiß nicht wie -
entfaltet sich ungemein,
läßt mir und anderen Raum.
Ich beuge mein Knie
vor dem einst kleinen Korn -
und nun ein Baum
des Lebens und des Glaubens.

12. Schlusslied

GL 257: Großer Gott, wir loben dich

13. Segen

Der Herr, der uns die Hoffnung im Zeichen des Senfkorns schenkt, sei mit uns/euch. Er begleite uns/euch, unsere /euere Familien und Freunde. Dazu segne euch/uns der Vater + und der Sohn + und der Heilige + Geist. Amen.

14. Postludium

Hermann Schroeder, „Allegretto"

Das Zeichen der Rose

Hinweis: *Auf dem Altar steht eine schmale, lange Vase, in die nach dem Evangelium eine einzelne Rose gesteckt wird. Diese soll auf Christus, die Rose aller Rosen, verweisen.*

1. Eröffnungsgesang
Gl 551,1-5 Schönster Herr Jesus

2. Eröffnung
Unser Herr Jesus Christus sei mit euch! Blumen verweisen uns auf den Gott und Vater Jesu Christi, dem wir die Welt mit all ihrer Pracht verdanken, der unser Herz durch die Schönheit der Natur erfreut. In diesem Meditationsgottesdienst wollen wir Gottes Liebe im Zeichen der Rose näher betrachten. Machen wir uns miteinander auf den Weg, um gemeinsam die Botschaft der Rose entschlüsseln zu können.

3. Vergebungsbitte und Friedensgruß
Herr, wir, deine zum Gottesdienst versammelte Gemeinde, bekennen, dass wir uns oftmals aus dem Staub machen, wo wir gefordert sind. Wir bekennen, dass wir vielfach zueinander nicht wie Rosenblätter, sondern wie Stacheln sind, die den Anderen verletzen. Darum rufen wir zu dir um Erbarmen und Verzeihung: Vergib uns, + Herr, und schenke uns den Mut und die Kraft, wieder füreinander dazusein und zur gegen-seitigen Freude beizutragen.
Die Freude und Liebe unseres Herrn sei allezeit mit euch/uns!
Austausch des Friedensgrußes

4. Lied
GL-Anhang: Gib uns Frieden

5. An Stelle der Lesung
Während seines Pariser Aufenthaltes ging der Dichter Rainer Maria Rilke täglich um die Mittagszeit in Begleitung einer

jungen Französin an einer alten Bettlerin vorbei. Stumm und unbeweglich saß die Frau da und nahm die Gaben der Vorübergehenden ohne jedes Anzeichen von Dankbarkeit entgegen. Der Dichter gab ihr zur Verwunderung seiner Begleiterin, die selbst immer eine Münze bereit hatte, nichts. Vorsichtig darüber befragt, sagte er: „Man müsste ihrem Herzen schenken, nicht ihrer Hand." An einem der nächsten Tage erschien Rilke mit einer wundervollen, halb erblühten Rose. Ah, dachte das Mädchen, eine Blume für mich, wie schön! Aber er legte die Rose in die Hand der Bettlerin.

Da geschah etwas Merkwürdiges: Die Frau stand auf, griff nach seiner Hand, küsste sie und ging mit der Rose davon. Eine Woche lang blieb sie verschwunden. Dann saß sie wieder auf ihrem Platz, stumm, starr wie zuvor. „Wovon mag sie die ganzen Tage gelebt haben?" Rilke antwortete: „Von der Rose!"

6. Antwortgesang
GL 751: Dies ist mein Gebot

7. Ruf vor dem Evangelium
GL 531,2: Halleluja

8. Evangelium
Joh 21, 1.15-19: Simon, liebst du mich?

9. Rosenmeditation
In die leere Vase, wird nun eine einzelne, schöne, große Rose gesteckt.
Schauen wir uns miteinander diese herrliche Rose an. Sie strahlt Schönheit und Eleganz aus und weckt in uns angenehme Gefühle. Die Rose ist die Königin der Blumen.

Wer von uns hat sich nicht schon einmal an den stacheligen Dornen einer Rose verletzt? Vor allem die selbst gezüchteten Gartenrosen sind am Stil zumeist mit Dornen übersät. Zu einer schönen Rose gehören eben auch Dornen. Im Leben eines jeden von uns kommen Dornen vor, solche, die man sich selbst zugefügt hat, solche, die einem von anderen versetzt wurden, und Dornen, die wir Menschen einander ins Fleisch ritzten. Dornen, die verletzt haben, müssen entfernt werden, sonst entzündet sich die Wunde, eitert und kann nicht heilen.

Stille

Jede Rose sitzt auf einem langen Stil mit grünen Blättern. Diese Blätter symbolisieren die Hoffnung, mit deren Hilfe sich die Dornen leichter verkraften lassen. Ein Leben ohne Hoffnung wäre ein düsteres Leben. Auch und gerade wenn es zeitweise dunkel im Leben wird, bedürfen wir der Hoffnung, die sich in Trost, Zuspruch und Zusammenhalt erweist. Hoffen dürfen wir stets auf den, der uns die Rose mit ihrer Schönheit, die Welt mit ihrem Glanz und das Leben schenkt.

Stille

Richten wir unseren Blick nun auf die herrliche Blüte. Mit welcher Eleganz sind die Blätter gefaltet, welch wunderbaren, köstlichen Duft sendet sie aus! Diese Blüte symbolisiert die Hoch-zeiten unseres Lebens, jene Phasen, wo es uns gut geht. Wo wir aneinander Gefallen finden, einander mit Achtung, Ehrerbietung und Respekt begegnen, wo wir uns mühen, einander gute Freunde zu sein.

Stille

Unter der Blüte befinden sich 5 Kelchblätter. Sie sind so widerstandsfähig, dass sie sogar einen kalten Winter über-dauern können. Es wäre Selbstbetrug, wollten wir die winterlichen, kalten und rauhen Zeiten unseres Lebens leugnen. Auch mit ihnen müssen wir fertig werden. Wir können dies schaffen, wenn wir in Christus die Rose aller Rosen sehen, die gerade in winterlicher Zeit für uns blüht.

Stille

136

Die Rose erinnert uns schließlich an die herrlichen Rosen-fenster an der Westseite vieler romanischer und gotischer Kathedralen, etwa in Monza, Verona - San Zeno, in Assisi. Diese Fensterrosen sind zumeist mit kostbarem, buntem Glas ausgelegt. Von außen fällt einem das Rosenfenster infolge von Staub und Abgasen kaum auf. Betritt man jedoch die Kirche zu jenem Zeitpunkt, an dem die Strahlen der Sonne durch das Rosenfenster fallen, dann erstrahlt das Innere der Kirche in kaum überbietbarem Glanz und Farbenspiel. Jesus dürfen wir die Rose aller Rosen nennen, die Rose Gottes, die den Duft der Liebe Gottes ausstrahlt, damit wir ihn einatmen, aufsaugen und unseren Mitmenschen weitergeben.

10. Rosenblätter
Nach der Meditation geht ein Körbchen mit Rosenblättern durch die Reihen. Jeder kann sich ein Rosenblatt heraus-nehmen, besehen, beriechen, befühlen.
Währenddessen singt die Gemeinde:
GL 559: Mein schönste Zier

11. Stilles Gebet
Wenn nun die Orgel einige Minuten lang meditative Musik erklingen lässt, sind wir eingeladen, unser eigenes Rosenge-bet zu sprechen, mit Christus, der Rose aller Rosen, ins Ge-spräch zu kommen.
Orgelmusik: Ernst Pepping, „O Welt, sieh hier dein Leben"

12. Vater unser
Vereinen wir unser persönliches Gebet mit dem Beten aller Christen auf der Erde und rufen wir: VATER UNSER

13. Segen
Geht mit der Erkenntnis, dass der Gott und Vater Jesu Christi uns in seinem Sohn die Rose aller Rosen geschenkt hat. Amen.
Geht mit der Zuversicht, dass Christus, die Rose aller Rosen, für uns Wohlgeruch und göttlichen Duft ausströmt. Amen.

Geht mit dem Entschluss, in der Macht und Kraft des Geistes die Liebe Jesu, der die Rose aller Rosen ist, in euch einzuatmen und anderen weiterzuschenken. Amen.

Dazu segne uns/euch der gütige Gott, der + Vater und der Sohn + und der Heilige + Geist. Amen.

15. Schlusslied

GL 558, 1.5.7: Ich will dich lieben

Salz der Erde - Licht der Welt

Hinweis: Die folgende Wort-Gottes-Feier eignet sich für das Fest Darstellung des Herrn (02.02). Es wäre möglich und sinnvoll, den Gottesdienst zusammen mit den Erstkommunionkindern zu feiern.

1. Präludium
Léon Boëlmann, „Introduction-Choral"

2. Begrüßung
Liebe Mitchristen, Jesus hat zu uns gesagt, ihr seid das Salz der Erde und das Licht der Welt, lasst uns in seinem Namen miteinander diesen Wortgottesdienst beginnen.
Im Namen des Vaters + und des Sohnes + und des Heiligen + Geistes. Amen.

3. Eröffnungsgesang
Du bist das Licht der Welt
GL: 675 Christus, du Sonne unseres Heils

4. Kyrierufe
Gott Vater, du Licht der Welt, erbarme dich unser.
Gott Sohn, du Licht der Welt, erbarme dich unser.
Gott Heiliger Geist, du Licht der Welt, erbarme dich unser.

4. Lesung
Gen 1, 1-19: Schöpfungsgeschichte

5. Antwortgesang
GL 719: Der Herr ist mein Licht und mein Heil

6. Lesung
Mt 5, 13-1: Vom Salz der Erde und vom Licht der Welt

7. Kurz-Homilie

Welche Reaktionen lösen Salz und Licht bei den Menschen aus?

Ist eine Speise ungesalzen, so wird man sagen: Das ist fad! Ist ein Essen versalzen, so wird man den Koch/ die Köchin lächelnd fragen, ob er/sie denn verliebt sei. Ist es dunkel, so sehnt man sich nach einem Lichtschein; sieht man die Flamme einer Kerze, fühlt man sich geborgen.

Hier auf dem Altar steht eine Schale Salz, und viele Kerzen brennen. Ein Kerzenschein, der die Kirche in eine heimeliges Licht taucht, Salzkristalle die im Kerzenschein funkeln. Lösen dieser Kerzenschein und diese Schale mit Salz eine Reaktion, gar Gefühle in uns aus?

Wenn Christus uns dazu auffordert, Salz der Erde und Licht der Welt zu sein, dann dürfen wir mit unseren Gefühlen nicht hinter dem Berg halten. Nur wenn wir Christen es wie Christus machen und Mensch werden, dann können wir menschlich handeln und unsere Welt und unserem Leben den nötigen Glanz und Pfiff geben.

Um jetzt und sofort damit zu beginnen, bitte ich euch, einander die Hände zu reichen (einander zu umarmen) und euch gegenseitig den Frieden Gottes zu wünschen.

8. Meditationsmusik (mind. 3 Minuten)
Léon Boëlmann, „Prière à Notre Dame"

9. Glaubensbekenntnis

Wenn das Glaubensbekenntnis nicht vom WGL, sondern von allen GDB gesprochen wird, muss es zuvor kopiert werden.
Wir glauben an den einen Gott des Lichtes,
den Vater, der uns leuchtet,
der alles geschaffen hat,
Himmel, Erde und Licht,
und an Jesus Christus, der uns das ewige Licht brachte,
aus dem Vater geboren vor aller Zeit,
Gott von Gott, Licht vom Licht.
Geboren von Maria, die im Licht des Vaters stand,

gelitten für uns alle,
hinabgestiegen in das Reich des Todes,
mit der Auferstehung am dritten Tag ein nie verlöschendes
Licht bringend.

Wir glauben an den Heiligen Geist, der uns immer neue Glut
bringt, um das Licht immer wieder aufs Neue zu entfachen
und unser Innerstes zu erhellen.
Wir schließen die alles umfassendene Kirche ein, ebenso wie
alle Heiligen, die schon im Leben den Glanz des ewigen
Lichtes ausstrahlten.
Wir bekennen die Vergebung der Sünden, denn der Vater des
Lichtes läßt uns nicht im Dunklen,
er läßt uns einst das ewige Licht sehen.

10. Lied
Laudato si (Sonnengesang des hl. Franz)
GL-Anhang: Sonnengesang des hl. Franz von Asissi
GL 285: Höchster, allmächtiger, guter Herr

11. Bitten
Jesus, du bist das Licht der Welt, durch dich bringen wir
unsere Anliegen zum Vater:
– In der Dunkelheit fehlt das Licht, lass uns dein Licht
  erkennen, damit die Nacht in uns keinen Raum findet.
  * Du Licht der Welt, leuchte uns.
– Wir bitten dich für alle, die dein Licht nicht sehen können
  oder wollen. *
– Wir bitten dich, gib all denen, die dein Licht in sich aufge-
  nommen haben, Mut und Kraft, in dieser Welt dein Licht zu
  tragen. *
– Erinnere alle Christen daran, dass sie das Salz der Erde
  sind und es in ihrer Hand liegt, dem Leben den richtigen
  Pfiff zu geben. *
– Wir bitten dich für alle, die in dein ewiges Licht gegangen
  sind. *

Herr, du bist Licht und Heil für die Menschen. Dich loben und preisen wir heute und in Ewigkeit. Amen.

Wenn viele Kinder den Gottesdienst besuchen, oder wenn der Gottesdienst an Lichtmess gefeiert wird, können folgende Fürbitten eingesetzt werden:

Ich bin der/die N., und meine Kerze leuchtet heute für mich und alle Einsamen.

Ich bin der/die N., und meine Kerze leuchtet heute für mich und alle alten Menschen.

Ich bin der/die N., und meine Kerze leuchtet heute für mich und unsere Omas und Opas, unsere Eltern und Geschwister.

Ich bin der/die N., und meine Kerze leuchtet heute für mich und alle Kranken.

Ich bin der/die N., und meine Kerze leuchtet heute für mich und alle Menschen, die in Kriegsgebieten leben.

Ich bin die/der N., und meine Kerze leuchtet heute für mich und alle Menschen, die hungern.

Ich bin die/der N., und meine Kerze leuchtet heute für mich und alle Menschen, die sich lieb haben.

Ich bin die/der N., und meine Kerze leuchtet heute für mich und alle Menschen, die streiten.

Ich bin der/die N., und meine Kerze leuchtet heute für mich und alle Verzweifelten.

Ich bin der/die N., und meine Kerze leuchtet heute für mich und alle Glücklichen.

Ich bin die/der N., und meine Kerze leuchtet heute für mich und alle Glaubenden auf der Welt.

Ich bin die/der N., und meine Kerze leuchtet heute für mich und für den Frieden.

Ich bin der/die N., und meine Kerze leuchtet heute für mich und unsere Pfarrei St. N.

Ich bin der/die N., und meine Kerze leuchtet heute für mich und unseren Pfarrer, für unseren Bischof und für den Papst.

Ich bin die/der N., und meine Kerze leuchtet heute für mich und alle, die arbeiten.

Ich bin die/der N., und meine Kerze leuchtet heute für mich und alle, die keine Arbeit haben.

Ich bin der/die N., und meine Kerze leuchtet heute für mich und alle, die traurig sind.

Ich bin der/die N., und meine Kerze leuchtet heute für mich und alle, die trösten können.

Ich bin die/der N., und meine Kerze leuchtet heute für mich und die überforderten Menschen.

Ich bin die/der N., und meine Kerze leuchtet heute für mich und die Menschen, die den Sinn des Lebens verloren haben.

Ich bin der/die N., und meine Kerze leuchtet heute für mich und alle, die an uns denken.

Ich bin der/die N., und meine Kerze leuchtet heute für mich und alle, die mit uns spielen, lernen und lachen.

Ich bin die/der N., und meine Kerze leuchtet heute für mich und alle, die Kummer haben

Ich bin die/der N., und meine Kerze leuchtet heute für mich und alle, die uns Kinder verstehen.

Ich bin der/die N., und meine Kerze leuchtet heute für mich und alle, die Licht in unser Leben bringen.

12. Vater unser
Mit allen, die Gott als seine Kinder in der Taufe aufgenommen hat, beten wir: VATER UNSER

13. Lied
Lasset uns gemeinsam
GL 282: Lobet und preiset ihr Völker den Herrn

14. Meditation
Salz:
weiße Kristalle funkeln.
Licht:
goldener Kerzenschein.

Funkeln auch wir wie Kristalle?
Scheinen auch wir in der Nacht?

Funkelt unser Christentum?
Ist es heller Schein?

Jetzt, sofort lasst uns beginnen,
das Salz der Erde
und das Licht der Welt zu sein.
Denn nur so können wir das Licht der Auferstehung
ins Dritte Jahrtausend tragen
und der Menschheit Hoffnung geben.

15. Gemeinsames Gebet:

Herr, unser Gott, lass uns nicht im Finstern, dass dein Tag
uns nicht wie ein Dieb überfällt. Lass uns Kinder des Lichtes
sein, Kinder des Tages, nicht der Nacht lass uns gehören und
nicht dem Dunkel. Steh uns bei, dass wir die Zeit nicht
verschlafen, sondern wachsam und nüchtern sind.

16. Segen

Gemeinsam lass uns, Herr, Dein Licht hinaustragen in die
Welt. Gemeinsam lass uns das Salz der Erde sein. Lass dein
Evangelium in unserem Leben durchscheinen. Zu unserm
Tun und Handeln brauchen wir deinen Segen, um den wir
nun bitten.
Es segne uns und unserer ganze Gemeinde, der Gott des
Lichtes, der Vater +   und der Sohn + und der Heilige +
Geist. Amen.

17. Postludium

Léon Boëlmann, „Menuet gothique"

Wasser des Lebens

1. Begrüßung
Liebe Mitchristen, beim Betreten der Kirche habt ihr euch mit Weihwasser bekreuzigt. Es soll uns an die Taufe erinnern und an Gott, der uns in der Taufe als seine Kinder angenommen hat. Beginnen wir daher diesen Gottesdienst in seinem Namen, im Namen des Vaters + und des Sohnes + und des Heiligen + Geistes. Amen.

2. Eröffnungsgesang
GL 259: Erfreue dich Himmel
GL 866: Die Erde ist schön

3. Gebet
Herr, allmächtiger Gott, alles hat seinen Ursprung in dir. Du schenkst uns das Wasser als Zeichen des Lebens und der Reinigung. Voll Vertrauen erbitten wir von dir die Vergebung unserer Sünden, damit wir mit reinem Herzen zu dir kommen. Wenn Krankheit und Gefahren und die Anfechtungen des Bösen uns bedrohen, dann lass uns deinen Schutz erfahren. Gib, dass die Wasser des Lebens allezeit für uns fließen und uns Rettung bringen, darum bitten wir durch Christus, unseren Herrn. Amen.

4. Lesung
Ex 17,1-8 Mose schlägt Wasser aus einem Felsen

5. Antwortgesang:
GL 718: Der Herr ist mein Hirt
Ruf: GL 676: Meine Seele dürstet nach dir

6. Evangelium
Joh 4, 1-26: Die Frau am Jakobsbrunnen

7. Kurzhomilie

Wasser war und ist für die Menschen lebensnotwendig. Es ist Erfrischung und Durstlöscher für die Menschen. Es ist Transportmittel für Güter, es überwindet unendliche Strecken und bedeckt zu 2/3 unsere Erde. Für die Israeliten war es nicht nur die Rettung vor dem Verdursten, sondern das Zeichen: Gott ist mitten unter uns! Für die Frau am Jakobsbrunnen wurde das lebendige Wasser zum Heilbringer, zur Botschaft der Liebe und Güte. Und für uns?

8. Gebet

Sie sind nun eingeladen, in den Altarraum zu kommen und sich um den Tisch des Herrn aufzustellen. Jeder bekommt ein Glas/einen Becher in die Hand. Währenddessen Orgelmusik: Hermann Schroeder, „Andantino"

Jesus Christus, mit leeren Händen und leeren Bechern stehen wir hier vor dir. Wir kommen mit unserem Durst nach Frieden und Freude zu dir. Doch oft gehen wir ohne Sättigung nach Hause, nicht weil du uns nichts gibst, sondern weil deine Worte nicht in uns eindringen. Heute wollen wir deine Gaben symbolisch aufnehmen. Denn du schöpfst für uns, wie für die Frau am Jakobsbrunnen, das Wasser des Lebens aus einer nie versiegenden Quelle und füllst unsere leeren Becher damit. Du füllst sie mit deinen Worten, deinen Taten, deinem Tod und deiner Auferstehung. Durch deine Gaben schenkst du uns Glaube, Hoffnung und Liebe.

Nun wird Wasser in die leeren Becher/Gläser geschenkt.

Jesus, nun halten wir deine Gabe in unseren Händen. Dein Geschenk verbindet uns, denn es ist für jeden Christen das gleiche Geschenk. Ein weiser Spruch sagt, die einzige Art, wie man die Liebe mehren könne, sei, sie zu verschenken. Du gibst uns deine Liebe; dein Tod und deine Auferstehung sind uns ewige Zeichen deiner Liebe.

Lehre uns jeden Tag unseres Lebens etwas von deiner Liebe an unsere Mitmenschen zu verschenken. So können wir durch das Nachleben deines Beispieles für deine Liebe danken. Wir wollen nun unsere Becher in diese Schale leeren, als Zeichen für unsere Gemeinschaft, für unsere Liebe zu dir und den Mitmenschen. Wir wissen, dass uns deine Liebe nicht im Stich lässt, auch wenn unser Wasser von Sünde und Schuld getrübt ist.

Die GDB treten einzeln zum Altar und gießen ihren Becher Wasser in eine bereitgestellte Schale. Die Gemeinde stellt sich wieder im Kreis um den Altar.

9. Bitten
Durch Jesus, unseren Bruder, bitten wir Gott, unseren Vater:
– Für uns, damit wir deine Lebensquelle in uns spüren.
 * Maranata, o komm, Herr Jesus und erbarme dich unser.
   (Vgl. S. 130)
– Für uns, damit wir unseren Lebensdurst an deinem Wasser stillen. *
– Für uns, damit wir unser Alltagswasser, unser Alltagsabwasser zu dir bringen, um uns neuen Schwung zu holen. *
– Für uns, damit wir auch in der Wüste an die Quelle glauben. *
– Für uns, damit wir die Menschen nicht vergessen, die nicht genug Wasser haben, die durstig sind. *
– Für uns, damit wir jene nicht vergessen, die schon im Strom der Ewigkeit sind. *

Dich, den Lebensspender, den Schöpfer des Wassers, loben und preisen wir heute und in Ewigkeit, Amen.

10. Lied
Ins Wasser fällt ein Stein

11. Meditation

Wasser
Meer
unendliche Weite
endlos
tiefgründig
Glaube
Hoffnung
Liebe
sprudelnde Quellen
Wasser
Flüsse
Ströme
Ströme der Zeit
Wir
wir Christen
mitten im Strom der Zeit
mit
Christus
Wir
wir Christen
als Sauerstofflieferanten
als Lebensquellen
für den Fluss,
für den
Strom des ewigen Lebens

12. Vater unser

Wir wollen miteinander beten, wie uns Jesus zu beten gelehrt hat: VATER UNSER

13. Lied

Lasset uns gemeinsam

14. Segen

Nur mit deinem Segen kann unser Leben gelingen. Deshalb bitten wir dich um deinen Segen für unsere Worte, Werke und Taten, damit sie deine Worte, Werke und Taten wider-spiegeln. Segne dieses Wasser, damit wir daraus deine Gaben empfangen können. Damit wir den Glauben, die Hoffnung und die Liebe tagtäglich neu in uns spüren. Wir bekreuzigen uns alle mit diesem Wasser, das deine und unsere Schmerzen, das deine und unsere Liebe beinhaltet, damit wir einander zum Segen werden.

Alle bekreuzigen sich mit dem gesegneten Wasser (und gehen zurück auf ihre Plätze).

15. Entlassung
Gemeinsam wollen wir unseren Glauben hinausströmen lassen in unsere Welt. Aus der nie versiegenden Quelle können wir Kraft, Zuversicht, Mut und Hoffnung schöpfen für unser Leben, so gehen wir in Frieden.

16. Postludium
Hermann Schroeder, „Maestoso"

„Und wäre die Liebe nicht ...“
Meditationsgottesdienst

Hinweis: *Dieser Wortgottesdienst zeichnet sich durch Stille aus, einer Stille, wie sie insbesondere in Taizé zu finden ist. Aus Taizé kommen auch die Lieder dieser Feier.*

1. Einzug
Präludium: Martin Seidl, „Grave et méditatif - toujours lié“

2. Eröffnung
Es ist Unsinn, sagt die Vernunft.
Es ist, was es ist, sagt die Liebe.
Es ist Unglück, sagt die Berechnung.
Es ist nichts als Schmerz, sagt die Angst.
Es ist aussichtslos, sagt die Einsicht.
Es ist, was es ist, sagt die Liebe.
Es ist lächerlich, sagt der Schmerz.
Es ist leichtsinnig, sagt die Vorsicht.
Es ist unmöglich, sagt die Erfahrung.
Es ist, was es ist, sagt die Liebe.

Stille

3. Eröffnungsgesang
Laudate omnes gentes

4. Schuldbekenntnis
– Vergib uns, wo immer wir unseren Nächsten zu wenig lieben:
  * Herr der Liebe, erbarme dich!
– Vergib uns, wo immer wir unsere Liebe verbergen: *
– Vergib uns, wenn wir Liebe mit Gefühlen verwechseln:*
– Vergib uns, wenn wir es unseren Mitmenschen unmöglich machen, offen zu ihrer Liebe zu stehen: *

– Vergib uns, wenn wir dich nicht in unsere Liebe einschlie-
  ßen: *
Darum bitten wir dich, den Gott der Liebe um sein Erbarmen,
nimm von uns alle Schuld und Sünde, im Namen des Vaters
+ und des Sohnes + und des Heiligen + Geistes. Amen.

5. Lied
Ubi caritas

6. Erste Lesung
Hld 1, 1-17: Das Hohelied Salomos

7. Meditative Musik
Martin Seidl, „Trés lent"

8. Zweite Lesung
1 Kor 13: Das Hohelied der Liebe

Stille

9. Antwortgesang
GL-Anhang: Wo die Güte und die Liebe wohnt
GL 751: Dies ist mein Gebot

10. Meditation

Liebe schenkt Liebe
Liebe schenkt Leben
Leben schenkt Leid
Leid schenkt Sorgen
Sorgen schenkt Wagnis
Wagnis schenkt Glauben
Glaube schenkt Hoffnung
Hoffnung schenkt Leben
Leben schenkt Liebe
Liebe schenkt Liebe

Stille

11. Vater unser

In Gottes Liebe sind wir miteinander verbunden, deshalb wollen wir miteinander das Gebet beten, das Jesus Christus uns in Liebe gelehrt hat. Dabei wollen wir uns an den Händen halten: VATER UNSER

12. Friedensgruß

Alle tauschen ein Zeichen der Liebe.

13. Segensgebet

Der Herr, der in seiner Güte und Liebe uns als seine Kinder geschaffen hat, er liebt und schützt uns jeden Tag. Wenn seine Liebe auch unsere Liebe wäre und nur sie auf Erden herrschen würde, dann wären alle Gesetze der Welt überflüssig.

Der Herr der Liebe begleite und beschütze uns, alle Liebenden und die Lieblosen, mit seinem Segen.

Das gewähre uns/euch der allmächtige Gott, der Vater + und der Sohn + und der Heilige + Geist. Amen.

14. Danklied

Jubilate Deo

Wort-Gottes-Feiern:
Zeichenliturgie

Gemeinden, die schon länger vom Priestermangel betroffen sind, über ausreichend WGL und praktische Erfahrung verfügen, wissen, dass sich bei einem Wortgottesdienst leicht die Gefahr der Geschwätzigkeit und Verkopfung einstellt. Worte können Menschen nicht nur aufbauen; zu viele Worte können auch erschlagend wirken. Daher empfiehlt es sich, die Wortliturgie mit Zeichenhandlungen zu verbinden, weil diese das gehörte Wort in seelische Tiefenschichten vordringen lassen. Eine solche Kombination ist sowohl beim Modell Wortgottesdienst als auch beim Modell Stundengebet realisierbar. Hierbei werden die biblischen Sonntagstexte (zwei Lesungen und Evangelium) wie üblich verwendet und an passender Stelle die Zeichenliturgie eingefügt. Der persönlichen „Zeichenphantasie" sind dabei keine Grenzen gesetzt. Eine vorherige Einführung und Erklärung des Ablaufes und Sinnes der Zeichenliturgie ist unabdingbar.

1. Weihrauchopfer
An passender Stelle, z. B. beim Fürbittgebet, tritt die Gemeinde in Prozession zum Altar, auf dem eine Schale mit glühenden Kohlen steht. Davor wartet ein MI mit einem Tableau voller Weihrauch. Jeder nimmt zwischen Daumen und Zeigefinger ein paar Weihrauchkörner und legt sie als sein persönliches Opfer stellvertretend für seine Gebetsanliegen in die Schale. Am Ende der Prozession sind alle eingeladen, die eine große Weihrauchwolke zu betrachten, in der sich symbolisch alle Anliegen verbunden haben.

2. Taufgedächtnis
Zu Beginn ziehen die GDB zum Taufstein, greifen mit der Hand ins Taufwasser und bekreuzigen sich, laut sprechend: Im Namen des Vater + und des Sohnes + und des Heiligen + Geistes. Amen.

Dabei erinnern sich alle an die eigene Taufe. Alternativ: Bekreuzigung in Stille, während der Prozession ein Tauflied.

3. Kreuzverehrung
Gerade in der Fastenzeit könnte beim Einzug das Vortragekreuz mitgetragen werden. Dieses kann - ähnlich wie am Karfreitag - durch Kniebeuge verehrt werden.
Alternativ: Vor dem Kreuz steht eine große Vase, in welche die GDB nach Verneigung oder Kniebeuge mitgebrachte Blumen stecken können.

4. Opfergang
Bei bestimmten Anlässen, wie Misereor- oder Adveniatsammlung, könnte (nach vorheriger Ankündigung) ein Opfergang stattfinden. Die Opferkörbchen stehen auf dem Altar, die GDB ziehen in Prozession zum Altar und legen ihre Gabe ein.

5. Berührung des Evangeliars
Um Würde und Stellung des Wortes Gottes für das Leben eines Christen zu unterstreichen kann sich der WGL nach dem Evangelium ähnlich wie beim Kommuniongang mit dem Evangeliar in den Händen aufstellen. Die GDB ziehen in Prozession zum Evangeliar, legen ihre Hand auf das Buch, bekreuzigen sich und gehen nach einer Verneigung in die Bank zurück.

6. Auflegen des Evangeliars
Jedem GDB wird vom WGL das Evangeliar in Stille auf den Kopf gelegt. So wird sichtbar, dass jeder sein Leben unter das Wort Gottes stellt. Alternativ: Der WGL legt das Evangeliar mit den Worten auf: „Gottes Wort dringe in dich ein und erfülle dein ganzes Leben."

7. Segen mit dem Evangeliar
Wenn schon Gottes Wort im Zentrum dieser Gottesdienste steht könnte, der WGL den Segen mit dem Evangeliar über

die GDB schlagen. Dazu empfiehlt sich ein schön gestaltetes Evangeliar, wie es seit einigen Jahren wieder vorliegt.

8. Persönliches Schuldbekenntnis
Auf/vor dem Altar steht ein großes Kreuz (Altarkreuz, Vortragekreuz). Anstelle des Bußaktes treten alle vor das Kreuz, senken das Haupt und sprechen: „Erbarme dich meiner, o Gott, denn ich habe gesündigt."

9. Lichterprozession I
Alle GDB ziehen mit Kerzen zum Altar. Auf/vor ihm steht die brennende Osterkerze. Jeder entzündet seine Kerze. So wird deutlich, dass alle sich von Christus, dem wahren Licht, entflammen lassen. Wo der Platz ausreicht, bleiben die GDB im Altarraum stehen, ansonsten gehen sie in die Bänke zurück.

10. Lichterprozession II
Der WGL wartet auf die GDB am Portal mit der brennenden Kerze. Nach der Begrüßung entzünden alle ihre Kerzen und ziehen singend ins Gotteshaus ein.

11. Berührung des Altares
In der Wortliturgie kommt dem Altar nicht die Aufgabe des Opfertisches, aber der Christus-Repräsentation zu. Der Altartisch ist weithin sichtbares Zeichen der Anwesenheit Christi, gemäß dem Matthäus-Wort: „Wo zwei oder drei in meinem Namen versammelt sind, da bin ich mitten unter ihnen." (Mt 18,20) Vor dem Segen ziehen die GDB zum (entblößtem) Altar, jeder berührt dann mit der flachen Hand den Altar, bekreuzigt sich und erfährt sich so als vom Herrn Gesegneter.

Die Struktur der Laudes und Vesper

„Die Seelsorger sollen darum bemüht sein, dass die Haupthoren, besonders die Vesper an Sonntagen und höheren Festen, in der Kirche gemeinsam gefeiert werden. Auch den **Laien** wird empfohlen, das Stundengebet zu verrichten, sei es mit den Priestern, sei es unter sich oder auch jeder einzelne allein." (SC 100)

Dieser Wunsch der Liturgiekonstitution könnte gerade angesichts des Priestermangels in unseren Gemeinden Wirklichkeit werden, in dem **Wort-Gottes-Feiern** in der Form der **Laudes und Vesper** gefeiert werden.

1. Die Struktur der Laudes (=Morgenlob)

0. Eröffnung
1. Hymnus
2. Erster Psalm (siehe GL)
3. Canticum (=Gesang) aus dem AT
4. Zweiter Psalm
5. **Lesung/en**
6. Antwortgesang
7. **Benedictus** (Lk 1,68-79)
8. Bitten
9. VATER UNSER
10. evtl. Kommunionspendung
11. Gebet
12. Segen
0. Entlassung

2. Die Struktur der Vesper (=Abendlob)

0. Eröffnung
1. Hymnus
2. Erster Psalm
3. Zweiter Psalm
4. Canticum (=Gesang) aus dem NT
5. **Lesung/en**
6. Antwortgesang
7. **Magnificat** (Lk 1,46-55)
8. Fürbitten
9. VATER UNSER
10. ev. Kommunionspendung
11. Gebet
12. Segen
0. Entlassung

Schließlich sei noch die Feier der **Komplet**, des kirchlichen Nachtgebets empfohlen. (GL 695)

Quellennachweis

S. 26:   Dialogische Meditation: Quelle unbekannt.

S. 27:   Lichthymnus aus: Albert Höfer, Kantorenheft.
          München 1993, S. 42.

S. 39:   Instrumentalmusik aus: Achtzig Choralvorspiele deutscher
          Meister des 17. und 18. Jahrhunderts. Edition Peters 4448.

S. 41:   Meditation aus: Bernhard Kirchgessner, Gedanken auf den
          Weg. Regensburg 1991, S. 84.

S. 42:   Postludium aus: op. 65/59 in: 14 Choral-Improvisationen für
          Orgel op. 65. Edition Breitkopf 8374.

S. 43:   Präludium aus: Zwei Präludien mit Fugen und eine
          Toccata. Kistner und Sigel und Co.

S. 44:   Text aus: Aufwind. Bischöfliches Jugendamt Passau.
          Passau 1992, S. 24.

S. 45:   Gedanken aus: KJG, Auszeiten! Texte und Gebete. Düsseldorf
          1993, S. 61.

S. 47:   Lied aus: Gotteslob mit Diözesanteil Passau. Passau
          1976, Nr. 867.

S. 47:   Meditation aus: Bernhard Kirchgessner, Momente der Ruhe.
          Regensburg 1993, S. 87.

S. 49:   Meditative Orgelmusik aus: Kleine Präludien und Intermezzi
          op. 9. Schott. ED 2221.

S. 50:   Lied aus: Gotteslob mit Diözesanteil Passau. Passau
          1976, Nr. 934.

S. 50:   Postludium aus: Zwei Präludien mit Fugen und eine
          Toccata. Kistner und Sigel und Co.

S. 53:   Meditative Orgelmusik aus: Achtzig Choralvorspiele
          deutscher Meister des 17. und 18. Jahrhunderts. Edition Peters
          4448.

S. 55:   Gebet aus: Messbuch, Tagesgebete zur Auswahl Nr.
          33, S. 317.

S. 60:   Danklieder aus: Gotteslob mit Diözesanteil Passau. Passau
          1976, Nr. 178; Nr. 845; Nr. 850.

S. 69:   Lichthymnus aus: Albert Höfer, Kantorenheft.
          München 1993, S. 42.

S. 71:   Lied zum Lobpreis aus: Gotteslob mit Diözesanteil
          Passau, Passau 1976, Nr. 854.

S. 72:   Bernhard Kirchgessner, Momente der Ruhe. Regensburg
          1993, S. 32.

S. 73:   Danklied aus: Gotteslob mit Diözesanteil Passau. Passau
          1976, Nr. 853.

S. 79:   Lied aus: Gotteslob mit Diözesanteil Passau. Passau
          1976, Nr. 867.

S. 90: Gemeindelied aus: Gotteslob mit Diözesanteil Passau. Passau 1976, Nr. 867.

S. 94: Postludium in: Sämtliche Orgelwerke, hg. von Klaus Beckmann. Edition Breitkopf 6670.

S. 95: Präludium in: Beethoven-Variationen. Edition Schwann S 2396.

S. 95: Gebet aus: Bernhard Kirchgessner, Gedanken auf den Weg. Regensburg 1991, S. 45.

S. 96: Meditative Orgelmusik: Beethoven-Variationen. Edition Schwann S 2396, S. 78.

S. 96: Meditative Orgelmusik: Beethoven-Variationen. Edition Schwann S 2396. S. 78.

S. 97: Meditative Orgelmusik: Beethoven-Variationen. Nr. 9 Edition Schwann S 2396.

S. 97: Postludium: Beethoven-Variationen. Edition Schwann S 2396.

S. 98: Präludium in: Vier Stücke, hg. von Rudolf Walter. Edition Schott 09740.

S. 98: Gebet aus: Messbuch, Tagesgebete zur Auswahl, Nr. 19, S. 311.

S. 99: Meditation aus: Bernhard Kirchgessner, Gedanken auf den Weg. Regensburg 1991, S. 54.

S. 99: Instrumentalmusik in: Vier Stücke, hg. von Rudolf Walter. Edition Schott 09740, S. 81.

S. 100: Brotsegnung aus:Benediktionale. Freiburg u. a. 1978, S. 84.

S. 102: Präludium in: Kleines Orgelbuch. Edition Schott.   3735.

S. 102: Gebet aus: Messbuch, Freitag der dritten Osterwoche S. 160f.

S. 102: Meditative Orgelmusik:in Achzig Choralvorspiele deutscher Meister des 17. und 18. Jahrhunderts. Edition Peters 4448.

S. 102: Bernhard Kirchgessner, Gedanken auf den Weg. Regensburg 1991, S. 30.

S. 104: Weinsegnung: Vgl. Benediktionale. Freiburg u. a. 1978, S. 39.

S. 104: Postludium in: Sämtliche Orgelwerke, hg. von Klaus Beckmann. Edition Breitkopf 6670.

S. 105: Gebet aus: Messbuch, Tagesgebete zur Auswahl, Nr. 1, S. 305.

S. 105: Gebet aus: Messbuch, Tagesgebete zur Auswahl, Nr. 6, S. 307.

S. 110: Postludium zu beziehen bei: Martin Seidl, Wetzenbach 49, 94571 Schaufling.

S. 111: Geschichte zur Einstimmung: Quelle unbekannt

S. 112: Lied aus: Effata. Bischöfliches Jugendamt der Diözese Passau. Passau 1990, S. 96.

S. 113: Lied aus: Gotteslob mit Diözesanteil Passau. Passau 1976, Nr. 853.

S. 115: Meditative Orgelmusik in: 14 Choral-Improvistationen für Orgel aus op. 65. Edition Breitkopf 8374.

S. 115: Gebet aus: Messbuch, Tagesgebete zur Auswahl, Nr. 11, S. 308.

S. 119: Ruf zum Kerzenopfer aus: Albert Höfer, Kantorenheft. München 1993, S. 48.

S. 120:   Meditation aus: Bernhard Kirchgessner, Wort in die
          Stille. Regensburg 1992, S. 68.
S. 121:   Präludium in: Beethoven Varitationen. Edition Schwann S
          2396.
S. 123:   Bernhard Kirchgessner, Momente der Ruhe. Regensburg 1993,
          S. 57.
S. 123:   Orgelmusik in: Beethoven Varitationen. Edition Schwann S
          2396.
S. 124:   Gesang zur Agape aus: Albert Höfer, Kantorenheft. München
          1993, S. 48.
S. 125:   Lied aus: Gotteslob mit Diözesanteil Passau. Passau
          1976, Nr. 859.
S. 125:   Postludium in: Achzig Choralvorspiele deutscher Meister des
          17. und 18. Jahrhunderts. Edtition Peters 4448.
S. 126:   Eröffnungslied aus: Effata. Bischöfliches Jugendamt der
          Diözese Passau. Passau 1990, S. 201.
S. 129:   Wegbegleitungsgeschichte aus:Barbara und Hans Hug (Hg.),
          Blätter die durchs Jahr begleiten. Stuttgart 1992, S. 230.
S. 130:   Lied aus: Effata. Bischöfliches Jugendamt der Diözese Passau.
          Passau 1990, S. 211.
S. 130:   Ruf aus: Albert Höfer, Kantorenheft. München 1993, S. 14.
S. 131:   Orgelmeditation in: Kleine Präludien und Intermezzi, op. 9,
          Edition Schott ED 2221.
S. 133:   Gebet aus: Messbuch,Tagesbete zur Auswahl, Nr. 19, S. 311.
S. 133:   Schlußbesinnung aus: Bernhard Kirchgessner, Wort in die
          Stille. Regensburg 1992. S. 61.
S. 133:   Postludium in: Beethoven-Variatioen. Edition Schwann S 2396.
S. 134:   Anstelle der Lesung aus: Willi Hoffsümer, Kurzgeschichten 1.
          Mainz 1981, S. 20.
S. 137:   Orgelmusik zum stillen Gebet in: Kleines Orgelbuch.
          Edititon Schott 3735.
S. 139:   Präludium in: Suite Gothique op. 25, Edition Schott. ED 7647.
S. 139:   Eröffnungslied aus: Effata. Bischöfliches Jugendamt der
          Diözese Passau. Passau 1990, S. 102.
S. 140:   Meditationsmusik in: Suite Gothique op. 25, Edition
          Schott. ED 7647.
S. 141:   Lied aus: Effata. Bischöfliches Jugendamt der Diözese Passau.
          Passau 1990, S. 160.
          oder aus: Gotteslob mit Diözesanteil Passau. Passau
          1976, Nr. 899.
S. 144:   Lied aus: Effata. Bischöfliches Jugendamt der Diözese Passau.
          Passau 1990, S. 79.
S. 144:   Gemeinsames Gebet aus: GL 15,1.
S. 144:   Postludium in: Suite Gothique op. 25, Edition Schott. ED 7647.
S. 145:   Gebet aus: Messbuch, Anhang I, S. 1172.

S. 146: Orgelmusik in: Kleine Präludien und Intermezzi,
         op. 9. Edition Schott ED 2221.
S. 147: Ruf in: Albert Höfer. Kantorenheft. München 1993. S. 14.
S. 148: Lied aus: Effata, Bischöfliches Jugendamt der Diözese Passau.
         Passau 1990, S. 236.
S. 148: Lied aus: Effata. Bischöfliches Jugendamt der Diözese
         Passau. Passau 1990, S. 79.
S. 149: Postludium in: Kleine Präludien und Intermezzi,
         op. 9. Edition Schott ED 2221.
S. 150: Präludium in: Dieu ne pent que donner son amour. Zu
         beziehen bei: Martin Seidl, Wetzenbach 49, 94571 Schaufling.
S. 150: Eröffnungsgebet aus: Erich Fried, Es ist was es ist. Berlin
         1983. Seite unbekannt.
S. 150: Lied aus: Effata: Bischöfliches Jugendamt der Diöeze Passau.
         Passau 1990, S. 150
S. 150: Lied aus: Effata. Bischöfliches Jugendamt der Diözese Passau.
         Passau 1990, S. 73
S. 150: Meditative Musik in: Dieu ne pent que donner son amour. Zu
         beziehen bei: Martin Seidl, Wetzenbach 49, 94571 Schaufling.
S. 151: Lied aus: Gotteslob mit Diözesanteil Passau. Passau
         1976, Nr. 897,1.
S. 152: Meditation aus: Margot Bickel, Brot in deiner Hand.
         Passau 1986, S. 3.
S. 152: Lied aus: Effata. Bischöfliches Jugendamt der Diözese Passau.
         Passau 1990, S. 149.